日常生活中的
信息查寻知识与技能

邓小昭　等著　罗梦芹　绘

国家图书馆出版社

图书在版编目（CIP）数据

日常生活中的信息查寻知识与技能 / 邓小昭等著；
罗梦芹绘 . -- 北京：国家图书馆出版社，2024.11
ISBN 978-7-5013-7730-5

Ⅰ. ①日… Ⅱ. ①邓… ②罗… Ⅲ. ①信息检索—通
俗读物 Ⅳ. ① G254.9-49

中国国家版本馆 CIP 数据核字（2023）第 006475 号

书　　名	**日常生活中的信息查寻知识与技能**	
	RICHANG SHENGHUO ZHONG DE XINXI CHAXUN	
	ZHISHI YU JINENG	
著　　者	邓小昭　等著　罗梦芹　绘	
责任编辑	唐　澈　高　爽	
责任校对	郝　蕾	
封面设计	项梦怡	

出版发行　国家图书馆出版社（北京市西城区文津街 7 号　100034）
　　　　　（原书目文献出版社　北京图书馆出版社）
　　　　　010-66114536　63802249　nlcpress@nlc.cn（邮购）
网　　址　http://www.nlcpress.com
排　　版　北京金书堂文化发展有限公司
印　　装　北京科信印刷有限公司
版次印次　2024 年 11 月第 1 版　2024 年 11 月第 1 次印刷

开　　本　710mm×1000mm　1/16
印　　张　20.75
字　　数　206 千字
书　　号　ISBN 978-7-5013-7730-5
定　　价　138.00 元

本书撰写委员会

负 责 人：邓小昭

成　　员：郑　宏　柯佳秀　赵　冲　李　洋

　　　　　张晓星　李儒银　刘海鹏　伍　玉

　　　　　申东阳　郭辉辉　袁嘉芮　韩　毅

　　　　　张　敏　李　健

前 言

　　本书立足当今信息社会背景，选取"图书馆·情报与文献学"学科视角，聚焦"信息查寻"这一核心要素，旨在向民众普及与传播信息查寻与利用的核心知识与技能，以求达到提升民众信息素养水平的目的。

　　结合我国民众日常生活信息查寻的主要目的、情景及查寻主题的具体情况，本书将内容分为8篇，采用故事叙述手法，分别介绍了主人公华朵及其亲朋好友在旅游出行、购物消费、新闻民生、休闲娱乐、社交通信、子女育教、健康养生、家政理财等不同生活场景中涉及的信息查寻知识与技能。本书在传播实用科学知识的同时，力求展现内容的趣味性与通俗性。具体而言：

　　第一，突出了内容的科学性与系统性。①在核心知识点的编写上精益求精，突出了知识内容的科学性与权威性。具体表现有：对核心概念的介绍，优先引用权威教材与专著上的定义或解释，然后再给予通俗易懂的阐释说明；所选文献均经过严格筛选，优先选用《中国大百科全书》词条、国家级规划教材、教育部高等学校科学研究优秀成果获奖专著以及国内资深教授、长江学者所编著的权威教材。②对照国内优秀教材及国家级精品在线开放课程，对知识点进行了查漏补缺，保证知识内容的系统性与覆盖面。③凡是引文，均注明了文献来源，确保内容的严谨性。④为显示知识之间的逻辑关系，同时帮助读者融会贯通地理解相关知识，使用了"参见"等参照法。

第二，体现了文本的原创性、趣味性与通俗性。①为生动呈现内容及主要知识点，本书选择了故事这一文学体裁，围绕一个家庭的日常生活展开叙述，将信息查寻知识与技能穿插于故事之中，并对其中的故事情景、故事线索、人物角色关系、人物性格等进行了精心设计，使得内容生动有趣、易于理解。②故事大量采用对话形式，尽量把专业知识用浅显直白的口语道出，力求语言表达的生动性、通俗性。③对部分概念类知识点的介绍，先引用权威的学术定义，然后再结合故事情节进行解释，确保了专业概念的通俗易懂性。④对概念进行界定时，尽可能避免引入新的深奥概念；如若引入新概念不可避免，则进一步对新引入的概念进行阐释说明。⑤配以图示、截图及漫画插图等，用于补充说明文字内容，增强文字的感染力、直观性与视觉感。⑥为平衡读者在阅读时的认知负担，对8个篇章的核心知识点分布进行了合理安排。

第三，关注了知识与技能的丰富性与实用性。①在故事设计上，以青年职业女性华朵为主角，引出华朵男友高歌、闺密杨帆、好友陶然、华朵父母等十余位人物的故事，对应不同年龄段、角色身份、职业的信息用户，丰富地呈现了旅游出行等不同日常生活场景下的信息查寻知识与技能的运用。②在知识点选择上，结合当今信息社会环境，精选了实用性强、能有效解决日常生活信息查寻问题的核心知识点（如信息查寻、信息组织等）120余个。③在知识点编写形式上，为避免过多、过细、过于专业的知识点介绍影响故事的流畅性，同时为了照顾读者的不同需求，分别采用了两种编写方式：一是直接将知识点融入文本主线的故事叙述之中；二是在节后列出"知识加油站"，对其涉及的知识点进行专门阐释。④编制了"核心知识点分布"，方便读者按篇章查找核心知识点。

第四，呈现了生活的时代性与进步性。①在保证重点介绍信息查寻相关成熟知识与理论的同时，充分揭示了信息环境的新变化及新要求，反映了近年来的热点主题，如社交网络、大数据、网络安全、知识付费等。②选择年轻人作为故事主角，以突出表现其在语言、生活、工作、观念上的时代气息；同时，通过故事也揭示出华朵外婆、父母、三叔等中老年人在新的信息环境下不断学习、健康生活、努力与时代同步的积极进取精神。③通过日常生活不同侧面的用户信息行为方式，重点反映了新型信息环境下信息素养对民众日常生活质量提升的价值与意义，对于数字化、网络化信息环境下的民众行为模式选择具有一定的引领性。

全书由邓小昭拟订大纲并负责撰写工作的组织与协调，罗梦芹绘制漫画插图。各章撰写具体如下："旅游出行篇"由赵冲、柯佳秀、郑宏撰写；"购物消费篇"由柯佳秀、邓小昭撰写；"新闻民生篇"由李洋、李健、郭辉辉撰写;"休闲娱乐篇"由张晓星、柯佳秀、邓小昭、郭辉辉撰写;"社交通信篇"由刘海鹏、柯佳秀、郭辉辉、张敏撰写;"子女育教篇"由伍玉、邓小昭、袁嘉芮、郭辉辉撰写;"健康养生篇"由李儒银、柯佳秀、邓小昭、袁嘉芮撰写;"家政理财篇"由申东阳、柯佳秀、韩毅撰写。郑宏、李儒银牵头拟订文体风格与故事大纲,邓小昭、柯佳秀完成全书统稿及多次修改与校对。

在本书出版之际,感谢重庆市社会科学规划办公室、西南大学社会科学处给予的资助与指导,感谢对本书提出宝贵意见的专家与同学,感谢国家图书馆出版社高爽主任与唐澈编辑的大力支持与辛勤付出,感谢对本书成稿提供启迪的所有文献资料的生产者,感谢白芮耐心温暖的倾情相助!

因能力与水平所限,书中尚有诸多不足,敬请广大读者批评指正。

目 录

故事主要人物角色介绍

华朵：本书主人公，网购平台运营人员。

高歌：华朵男友，植物研究院助理研究员。

杨帆：华朵闺密、大学室友，网络作家。

陶然：华朵发小，从事 IT 行业。

华朵父亲、母亲：前者为区环保局办公室干部，后者为国企工会干部。

华朵二叔、二婶：前者为空调公司科长，后者为药店营业员。

晓晨：华朵二叔、二婶的儿子，高中生。

华朵三叔、三婶：前者经商，擅长投资理财；后者为全职太太。

夏瑶：华朵表姐，全职太太，曾为空姐。

大宝：华朵表姐的女儿。

华朵外公、外婆：均退休在家，后者喜欢美食。

旅游
出行篇

1

古句有云，"清明时节雨纷纷"。自清明前两三日开始，春雨便没个停。在闺密杨帆打来电话的一刻，华朵就知道之前的蹦极之约恐怕要泡汤了！因为最近工作压力大，华朵想着用蹦极这种极限运动来释放一下，不料胆小的杨帆最终爽约了。想到明天可能依旧是这阴沉的天气，一个人的蹦极，华朵的心情变得更加郁闷。

第二天一早，华朵醒来之后便径直走到窗户边上，看到雨竟然停了！本来心里想着要不在床上窝一天追剧算了，但这好不容易的晴天，让华朵再次点燃了挑战的热情。"吾辈青年，定不负大好时光！"华朵一边喊着口号，一边找出一身简练合身的衣服，风风火火地出发了。

华朵是一名电商平台的运营，外表虽然是乖乖女一个，但内心却是勇于挑战的女汉子一枚。在蹦极跳台下面的时候，她还在想着："至于叫这么大声嘛，浮夸！一会儿看我的。"可是队伍快轮到她的时候，与其他蹦极新手无异，华朵双腿迈台阶的速度明显放慢了，手心出着汗，双手也无处搁放。刚刚在跳台下面的洒脱已离她而去，此刻，"女汉子"华朵心惊胆战。

"准备起跳！"听到教练的招呼声，华朵感到血液突然涌入了脑袋，这让她想起了小时候偷喝第一口白酒的感觉。她感觉心脏怦怦直跳，发现自己的腿也已经软了，于是赶忙扶住扶手挪向跳台。站在跳台上，只见地面到跳台这七八十米高的空气仿佛成了大海中的漩涡，华朵不自觉地弯腰前倾，仿佛自己要被吸下去了，幸好身后教练的一声大吼"站稳"令她一下绷直了脊梁。刚到塔脚下时虽说有点紧张，但她觉得也不过就这么高而已。可随着上塔时慢慢升高的台阶，她心里却慌了起来，不知不觉中脚步也慢下来，因此还被后面一个男人撞了一下。那人不停地对着她道歉，说在看高处的风景没有注意她。被"道歉君"这么一撞，华朵反而不那么慌了，她重新给自己打气。这些男人敢跳，我有什么不敢？然而这会儿华朵仅剩的一丝豪情壮志和冷汗已经一起被风吹干。来之前，为了激将杨帆陪自己蹦极，还嘲笑她胆小来着，现在不禁有点后悔自己没在闺密的劝阻下认怂。

都是因为那个臭主管，连着几天都变着法

我为什么要来蹦极？！

啊啊啊啊啊啊
啊啊啊啊啊
啊啊啊……

天哪！
太可怕了！

救命！现在后悔还来得及吗？

儿来找她麻烦，自己才想来这里体验一次超刺激的蹦极，释放自己的压力。

来之前，关于蹦极的**信息**，华朵已利用**搜索引擎**，进行了**信息查寻**，比如弹跳姿势、安全绳绑法、第一次蹦极的注意事项……光是看别人的蹦极视频都让她既兴奋又害怕了，更别说在**浏览**这些信息时，还看到网友们说心脏不好不宜蹦极、高度近视的人去蹦极可能致使视网膜脱落什么的了。不管怎么说，现在华朵已经站在了跳台上。身后的教练在严厉地嘱咐着注意事项，华朵根本没办法集中注意力听教练在说什么。虽说我眼睛比杨帆好多了，但会不会蹦瞎了？最近没去检查过，我心脏会不会有问题？安全绳看着不太新的样子，会不会断了？

她回头学着网友们教的那样对教练说："教练，我不是第一次跳，不用推我，我自己跳。"然而她注意到了自己的声音有点发颤，还有教练那不信任的眼神。

"知道了，准备好，5，4，3，2，1，跳！"

然而，华朵那双硬邦邦的腿好像在跳台上生了根。

一阵沉默后，背后不远处传来了道歉君的喊声："跳下去就没事了，不用害怕！"

华朵不敢回头："我才没害……啊啊啊——！"

她被教练推了下去。

知识加油站

信息

信息是客观世界中各种事物的状态和特征的反映，是与问题相关的数据；以文本、图形、图像、音频、视频等形式记录下来，能通过媒介进行传输。

——郑彦宁，化柏林.数据、信息、知识与情报转化关系的探讨.情报理论与实践，2011（7）.

信息的主要特征是对载体的依附性、价值的相对性、时效性、可共享性等。

与信息直接相关的概念有**数据**、**知识**、**情报**等。

数据

数据是载荷或记录信息的按照一定规则排列组合的物理符号。它可以是数字、文字、图像，也可以是声音或计算机代码。

信息是数据载荷的内容。对于同一信息，其数据表现形式可以多种多样。例如，你可以打电话告诉某人某件事（利用语言符号），也可以写信告诉某人同一件事（利用文字符号），或者干脆画一个图（利用图像符号）。信息告诉我们："这组符号表达什么。"

——马费成，宋恩梅，赵一鸣.信息管理学基础.3版.武汉：武汉大学出版社，2018.

知识加油站

知识

  知识是信息接收者通过对信息的提炼和推理而获得的正确结论，是人通过信息对自然界、人类社会以及思维方式与运动规律的认识与掌握，是人的大脑通过思维重新组合的、系统化的信息集合。知识告诉我们："这组数据意味着什么。"

  信息能否转化成知识，关键在于信息接收者对信息的理解。例如，一份病人的病历，对非医护人员来说可能仅仅是数据或信息，而对医生则能提供相关知识。这意味着，信息只有同接收者的个人经验、信息与知识准备结合，也就是同接收者的个人背景融合，才能转化为知识。用公式表达为：信息 + 经验 = 知识。

  数据、信息、知识的关系如图所示。

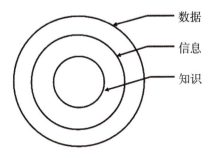

  ——马费成，宋恩梅，赵一鸣.信息管理学基础.3版.武汉：武汉大学出版社，2018.

知识加油站

情报

情报在早期被认为是战时关于敌情的报告，在军事、安全领域等同于"谍报"。目前，除了军事学科的情报学具有专门含义之外，情报的概念已被泛化，常常可以与"信息"交替使用。

但在情报学（参见社交通信篇第 1 节的知识点"情报学"）领域，情报具体指特定主体解决某个问题时具有参考价值或决策价值的信息，如军事情报、科技情报、商业情报、竞争情报等。

——党跃武，谭祥金.信息管理导论.3 版.北京：高等教育出版社，2015.

情报是对信息的解读、判断和分析，是人脑思维的产物，具有对抗性、战略性、智能性、增值性和可行性等特点。信息是情报的素材和载体，情报是信息的激活和升华；信息是原料，情报是产品。

——沈固朝，施国良.信息源和信息采集.北京：清华大学出版社，2012.

搜索引擎

搜索引擎是一种互联网上应用的软件系统，它以一定的策略在网络上搜集和发现信息，在对信息进行处理和组织后，为用户提供网络信息查寻服务。对使用者（用户）而言，这种软件系统提供一个网页界面，让它通过浏览器提交词语或短语，然后很快返回一个可能和用户输入内容相关的信息列表。随着搜索引擎技术的发展，系统可以处理的范围从单一的文本向语言、图片甚至视频等转变。常用的中文搜索引擎包括谷歌、百度、搜狗、必应等。

——黄如花 . 信息检索 . 3 版 . 武汉：武汉大学出版社，2019.

信息查寻

信息查寻是为满足**信息需求**而查找、寻求所需信息的行为，包括**信息检索**、**信息浏览**等。

信息需求

信息需求指信息用户（包括潜在的信息用户）不管其是否意识到的对信息的一种待满足状态，包括未意识到的需求状态与意识到的需求状态。信息需求受用户个体因素、社会环境因素、信息系统因素等的影响。

——邓小昭 . 网络用户信息行为研究 . 北京：科学出版社，2010.

知识加油站

信息检索（检索）

信息检索指根据特定目标，从信息集合（如工具书、图书馆、数据库系统）中找出所需信息的过程。常常也称为"信息搜索"。

在网络信息检索中，一般需在检索框中输入检索词或短语，甚至一个句子。输入方式包括文字输入、语音输入和图片输入等。

信息浏览（浏览）

信息浏览指事先缺乏明确信息需求目标或难以清楚表达信息需求的信息查寻行为。

对网络信息的浏览，主要表现为循超链接在不同结点间自由游移的信息查寻行为，包括点击相关超链接、网页浏览、阅读等行为，还有对导航技巧、历史记录等功能的使用等。

——邓小昭.网络用户信息行为研究.北京：科学出版社，2010.

2

华朵坐在塔附近的一块石头上，一边看着别人逐个跳下，一边回忆着空中飞来飞去的感觉，舒缓着自己余留的恐惧与兴奋。四月的天气，虽不至于太热，刚才荡在空中的微微出汗的体感还是让她觉得非常舒服。道歉君跳的时候她多看了两眼，他好像很享受的样子，而自己在空中时候一半时间在大声尖叫，另一半在无声尖叫。若非理智将华朵按在了石头上，说不定她就冲上去再跳一次。她心里想，改天吧，下次肯定会好得多。

华朵注意到道歉君向自己这边走了过来。不会是又来道歉吧？这人个子挺高，一身蓝黑运动衣，斜挎一个旅行包，一头短发显得挺精壮。

"是第一次蹦极吧？"

"是。"华朵简单地回答，她想起了教练的眼神。

"第一次都会怕，我第一次是被教练踹下去的，第二次就没那么害怕了。"

"你这是第几次蹦极？"

"第四次，我第一次也是在这跳的。就是这个教练一脚踹我下去的，他对你温柔多了。"

"那我该谢谢他了？"

"哈哈！我见过好多次他踹男的下去了。"

华朵抬头望着眼前的大男人，心想，他笑起来还挺帅的嘛。

高处传来一个女生的尖叫，想起来自己刚才也这样叫唤，华朵不禁有些尴尬。

"第一次来这个基地吗？"

"是啊，查到这有蹦极就跑过来了，顺便散散心。"

"我经常来这儿，对这挺熟的，里面还有些好看的地方，我顺路，要不要我带你逛逛？"

"你经常来这里？"华朵警惕了起来。看着还像个正经人啊，难道图谋不轨？

"你好，我叫高歌，在本市一所植物研究院任助理研究员。这基地有块试验田，我经常去那移些植物回去做实验。"高歌从包里拿出眼镜戴上，还掏出了张华朵不认识的植物照片给她看。

华朵发现高歌戴上眼镜竟有点书生气，她心想：他在解释，我这敌意表露得也忒明显了。她有些不好意思，赶忙站了起来说："休息够了，麻烦你了。"

华朵跟着高歌，偶有好看的风景便稍作停留。最初华朵还有些生分，只是和高歌有一句没一句地聊着，慢慢地也打开了话匣子。

"女生单独去蹦极的不多见，平常你都是一个人出去玩吗？"

"不是啊，这次是朋友不敢来。"想起杨帆，华朵这会儿有点得意。回去又可以对她炫耀了，下次必须拉她一起蹦。

"喜欢旅行吗？"

"还行吧，偶尔出去放松下。你是不是经常到处跑？"

"是啊，一有空我就去。现在我们邻近两省有名的地方我都玩得差不多了。"

"真的假的？那么多地方！你都是一个人去吗？"

"大部分都是自己去。"

"其实我对旅游快没兴趣了，上次和朋友去九寨沟，旅行团把我们折腾坏了。"想起上次和杨帆的九寨沟之行，为了图方便找旅行社跟团，华朵至今仍然非常后悔。

3

还记得那天，她和杨帆逛街，途中杨帆拿着手机给她看朋友圈分享的一个微场景。华朵本想敷衍着瞄几眼后继续关注衣服，却一下子被吸引住。那是个很精致的微场景，十几幅九寨沟的美图配上灵动的音乐，简直就是人间仙境。以前只是听说过那儿景色很漂亮，华朵和杨帆都还没去过，这个微场景看得她突然来了兴致。华朵一向是心血来潮，说干就干，稍微鼓动几句就把闺密给说动了。过了一会儿，杨帆搜出来几篇网友写的九寨沟旅游攻略给华朵看。

"你看这些攻略怎么样？我们就按人家的这样去玩吧？"

"你这些不行。"华朵瞄了几眼，看到这些攻略的发表时间后说。

"怎么不行？这些可都算是人家的原创贴子啊，属于'**一次信息**'哦！"

"这些都是好几年前的了，现在信息的时效性这么强，瞬息万变，门票价变了还无所谓，万一班车之类的变了呢？"

"那你说到底该怎么安排？"

华朵突然想到自己要查寻这么多信息还要计划这个计划那

个，觉得好麻烦，就让杨帆用手机里的高德地图搜索一下附近的旅行社。打开高德地图，发现在1000米内就有3家旅行社，它们按照距离的远近排着序，然后按照"好评优先"的原则，锁定了排名第一的那家旅行社。确定了位置后两人直奔旅行社而去。华朵她们就关心的吃住行等问题详细询问了旅行社，旅行社为她们提供了**信息咨询服务**，非常热情。一听到包接送、包吃住、包门票，她们只管玩就好，华朵当时心动了。她和杨帆留下电话，回去再仔细商量一下具体时间。

回家后，华朵想到现在团购这么流行，说不定九寨沟跟团游也有团购。她从手机里诸多的**移动 app** 中找到美团 app，点击进入后在搜索栏中输入"九寨沟"进行**检索**[①]，果然找到许多九寨沟 n 日游的团购，而且比在旅行社接待处提供的价格还要便宜许多。华朵立马抓起手机就去给杨帆打电话炫耀，闺密却劝她应该多看看之前团购过的游客的评价。看着密密麻麻的评价信息，华朵只觉得好麻烦，于是她点击"只看低分"，有选择性地浏览，以便了解一下消费者对这个跟团游有哪些不满。其实，对于能看到些什么样的评价，华朵之前都能猜个大概，八成是什么食宿太差、强制游客消费、买到假货之类的，而且许多差评都是一两年前的，说不定这两年有所改观呢？反正总体评价分数还凑合，再说食宿什么的都可以忍忍，我是去看景，又不是去吃吃睡睡。就是不知道杨帆这个小妮子能不能忍，想到这，华朵忍不住偷笑了两声。

然而，一趟旅游下来华朵终于明白她高估了自己的忍受力，

———————

① 参见"旅游出行篇"第 1 节的知识点"信息检索（检索）"。

也低估了那个旅行团的下限。大巴延误让她们干等好久；团餐都是辣椒油炒白菜、豆腐之类的，还不放盐；酒店又脏又臭还没有热水；导游态度恶劣，华朵差点跟导游吵起来。总之心情就是糟糕到了极点，要不是九寨沟风景太美弥补了下，华朵可能再也不想出去旅游了。

知识加油站

一次信息

按信息处理加工的程度，信息可分为**零次信息**、**一次信息**、**二次信息**和**三次信息**。

零次信息即未经加工的、零散的、不系统的原始信息，即第一手资料。

一次信息即根据第一手资料创造、形成的初加工信息，如原创性的论文、专著或原创性的论坛贴子等。

二次信息是在一次信息基础上加工整理形成的，引导和使用一次信息的线索性信息，如图书的目录、索引和文摘。

三次信息是根据二次信息提供的线索，获取并使用一次信息，结合其他零次信息，分析综合形成的高层次组织信息，如年鉴、百科全书、手册、指南等。

——党跃武，谭祥金.信息管理导论.3版.北京：高等教育出版社，2015.

信息咨询服务

信息咨询服务指以专门知识为基础，运用人才的智慧，帮助人们解决各种特定信息问题的活动。咨询的内容涉及科学研究、经济活动和其他社会活动领域，其层次、功能各异，但咨询业务的开展却具有共同的特点，主要表现为信息性、智能性、服务性。

当前，信息服务部门的主要咨询业务大体上分为 5 类。①文献信息咨询，又称参考咨询服务，是图书情报（信息）部门开展的一项传统的服务业务。②科技研究与开发咨询，主要涉及科学活动和生产活动中的各种问题，如新课题、新技术、新工艺、新产品等。③工程项目咨询，主要是对工程建设项目和企业建设或改造的一种咨询，解决兴建、扩建、改建工程项目的管理问题。④业务管理与综合决策咨询。其中，前者包括管理体制与经营、管理目标和策略确立、管理制度、生产组织与账务管理等活动的咨询；后者是一种带有战略性、全局性和综合性的咨询工作，如地区、部门或行业的综合发展、中长期战略研究等。⑤其他专业咨询，主要集中于某一专门活动，例如法律咨询、政策咨询、商务咨询、

知识加油站

金融咨询、财务咨询、招标咨询等。

——胡昌平.信息服务与用户.4版.武汉:武汉大学出版社,2015.

移动 app

app 是应用程序(application)的简称。移动 app 即是移动互联网应用程序,指通过预装、下载等方式获取并运行在移动智能终端上、向用户提供信息服务的应用软件。

——国家互联网信息办公室,移动互联网应用程序信息服务管理规定.http://www.cac.gov.cn/2016-06/28/c_1119122192.htm.

例如,手机上所安装的腾讯 QQ、微信、微博、支付宝等都是移动 app。

查寻团购信息的 app 举例:

【美团】团购、特价团

【大众点评】特价团

【口碑】团购,即【支付宝】口碑团购

4

"不要跟团，跟团旅行会有很多事影响心情。既然出去玩，就要玩好，自己安排，丰衣足食。"高歌的声音把华朵从记忆中拉了回来。

"自己安排要考虑好多事，很麻烦吧？"

"不麻烦啊，决定去哪儿玩后，可以多上旅游网站或者相关的<u>网络社区</u>看看，上面有好多网友分享的旅游计划和日志。自己尝试一次后就轻车熟路了，我第一次自己去旅游回来后，就决定再也不报旅行团了。"

想要查寻旅游信息
在网站查找实在太方便了

旅游出行要做好旅游攻略噢
让出行变得更加愉快

"真厉害。"

"这没什么厉害的，出门在外，不就是安排衣食住行嘛。"高歌顿了顿，用手推了推眼镜，"其实，最主要的是安排好怎么去和怎么回来就好了，可以通过网上订购的方式订好汽车、火车或者飞机票，再预订好房间，剩下的就简单了，备好衣服、地图等必需品就可以出发了。当然，地图也可以是手机里的离线地图。真在外边遇到什么问题，通过移动网络利用好智能手机里的各种移动 app，基本上都可以解决了。"

"听起来好像就是这么些事，真去做还是会好麻烦吧？我最怕麻烦了，不过听你自己安排好像会玩得很舒服的样子，下次再去玩儿我也自己安排试试。"

"呵呵，当你试过一次后便会发现那样的旅游更有意思。"

"另外，不知道你是否使用过近年兴起的生成式人工智能工具，一般也叫 Gen AI 工具。Gen AI 的全称叫 Generative Artificial Intelligence。世面上的 Gen AI 工具很多，如文心一言、智谱清言、讯飞星火、Kimi、ChatGPT、Google Gemini 等。你要实在觉得自己做旅游攻略麻烦，可以尝试让它们直接帮你做哟！"高歌热情地建议道。

"咦？它们都可以直接帮我做旅行攻略啦？我在一些新闻上看到过，知道这几年人工智能迅猛发展，但它们现在都能具体做些什么，做到什么程度，我还不是很清楚，你再跟我展开说一下吧。"

"这些 Gen AI 工具的发展速度确实快得惊人呢！今天还不能实现的功能，可能明天就可以做到了。它们的功能可比你想象中的还要强大！概括来说，目前这些工具能根据我们的需求描述，生成相应的文字、图像，甚至还能生成视频。至于具体能做些什么，我们可以根据这些工具的官方宣传语来了解，如文心一言的宣传口号是'作为你的智能伙伴，我既能写文案、想点子，又能陪你聊天、答疑解惑'，即兼具创作、搜索、聊天的功能，其他的 Gen AI 工具也基本兼具这些功能，可以创作各类文案、图片、视频，可以根据用户的提问进行搜索、回答问题，甚至像密友一样自然聊天。"

"哇! 感觉好有趣! 我准备有空就去摸索学习一下。这些 Gen AI 工具用起来应该不难吧？我还是有较多的上网搜索经验的，刚才你说它们也有搜索的功能，那与我们平时用的百度等搜索引擎的搜索有什么区别吗？"华朵颇有兴致地问道。

"在这些 Gen AI 工具里面进行的搜索，我们可以称之为'**生成式智能搜索**'，它在使用形式上与我们平时用的搜索引擎有所不同。传统的信息搜索或信息检索，是在搜索框里面输入搜索词句，然后搜索引擎就会返回给我们成千上万条的网页结果，这就需要我们自己去筛选相关结果；而在这些 Gen AI 工具中，我们在对话框里输入想要搜索的词句后，Gen AI 工具会根据它自己对你的词句的理解，响应一个明确的结果或答案，这就用不着你再去对成千上万条检出结果一一查看和筛选了。"

"这听起来要比传统搜索引擎里面的搜索要简单方便多了啊! "

"但是目前因为技术有限，这种 Gen AI 工具的缺点也很多，比如，它给出的答案可能是 AI 自己编造的，或者是已经过时的，而且它回答的时候通常还很自信，喜欢'一本正经地胡说八道'，因此如果使用这类工具查寻政策法律、教育、医疗健康等重要的、严肃的信息时，必须注意辨别答案的准确性与可用性。哦，有些 Gen AI 工具会同时给出答案的参考网页链接，你点开链接看一下，就可以对答案的准确性进行核实。"

"哦哦，好的，我以后使用时多注意一下这个方面。除了搜索功能，刚才你说这类工具还可以创作、聊天来着，再跟我说说呗。"

"好的。要知道搜索功能其实并不是这些 Gen AI 工具的长处。Gen AI 工具的长处是根据我们的需求高效率地创作生成出相应的文字、图片、视频等内容，例如你可以要求它用诗人李白的风格写一首关于荷花的诗，然后根据诗的描述为你生成一幅图片，它可以在一分钟甚至几十秒内就生成出来，因此要求它给你做一份某个城市或者某个景点的旅游攻略，对这些 Gen AI 工具而言也是非常简单、快速的。如果你觉得不够完善、细致，还可以让它不断修改甚至重做。至于聊天功能，因为这些 Gen AI 工具有较强的理解力和创新力，可以具备拟人化的情感和表达，能够为我们带来较为逼真的聊天体验，因此除了向它进行各类问题咨询外，还可以用它进行情感疏导、娱乐解闷等。当然，除此之外，Gen AI 工具还能帮助我们阅读文档、解读图片，进行智能翻译、代码理解与编写等，功能可丰富了。总之，使用这些工具就像是在与一个虚拟的'万能'助手进行对话交流，可以在多轮追问与回复的互动中，不断满足自己的需求，这其中的关键就在于我们提出需求的阐述方式。关于怎样向 Gen AI 工具提问，也是一门学问呢！网上也有诸多指南、课程等。"

"听起来这些 Gen AI 工具的功能好强大哟，非常吸引人，值得尝试。感谢你的建议呀，带我进入了 Gen AI 工具的大门，说起来你这样的生活真自在！工作亲近自然，时间上也灵活。"华朵一脸的羡慕状。

"呵呵，还不错吧！你呢？是在读书还是已经工作了？"高歌微笑地问着。

"我看起来有那么小吗？"为了出来玩儿，华朵在网上特地挑了这身方便又舒适的运动装，但也不至于就显得那么年轻吧！她想，看来还是自己天生丽质喽！

"哦？那是已经工作了。"

"Bingo！我在一家购物网站里搞平台运营。唉！说起来就心累，除了高层时不时地施压，还有新人天天虎视眈眈。哪有你这般安逸！"华朵的俏脸瞬间由晴转阴，脑袋里又浮现出了主管对着她咆哮的画面，说话的语气也低落起来。

"如果这份工作真的让你压力大、心累的话，为什么不考虑换一换呢？无论是生活方式还是工作，都是我们自己可以选择的。"

华朵怔了怔，低喃道："是呀！我为什么就从来没有想过换呢？"短暂的沉默过后，华朵嘴角勾起一抹微笑，说道："虽然有压力，但是这份工作不仅与我对网购的爱好密切相关，还能给予我不少成就感，让我挺自豪的。所以我才没有想过换工作吧。"

华朵陷入沉思：这份工作从大学毕业入职以来，虽然有时会累，也发过牢骚，却从来没有想过辞职不干。大概这就是闺密杨帆所说的"工作虐我千百遍，我待工作如初恋"吧。虽然还没有初恋，但这份工作却是自己真心喜欢的，也给家人朋友们带去很多网络购物的经验。

"喂，喂？"一只修长白皙的手掌在华朵眼前挥了挥。

"嗯？"华朵随即从沉思中回过神来，用疑问的眼神望着高歌。

"从你刚刚陷入沉思时那生动的表情来看，其实你还挺热爱你的职业的吧？"

"嘿嘿，是吗？我从毕业起就一直干这个，如果让我换个工作，还真不知道换成什么。再说了，我从事的职业可是属于一个最具活力的朝阳产业呢。"

"哪种朝阳产业？"

"**信息产业**啊！"

"嗯嗯，现在是信息时代，你们这个信息产业确实很好。所以喽，你也根本不必羡慕我什么呀。"

"哈哈，我只是一时忽略了嘛，只看到了别人所拥有的，忘记了自己拥有的其实也很不错。"这样想着，华朵心中的压力和不满散去了好多，她可还要多谢身旁这位的提点。

"聊了这么久，都忘记介绍自己了，我是华朵。"

"我们的祖国是花园，花园里花朵真鲜艳……华朵小朋友，你好啊。"

"你好啊，方便加个微信吗？以后可以常联系。"

"那是必须的。"

两人互换了微信，便你一言我一语地回忆起年少追星的小故事，山脚下不时传来两人的笑声。看来华朵这趟没有白来。

夜色降临，华朵和高歌告别后，回家躺在床上，脑子中满满的都是旅途的开心片段，于是拿起了桌边的日记本写道：

"真是有趣的一趟旅程，本公主心情好多了。往后我工作的激情可还要 UP UP UP，哈哈哈！华朵宝宝最能干。"

知识加油站

网络社区

网络社区又称在线社区、虚拟社区、电子社区、虚拟社群等，由持续参与的人们相互交流、彼此关怀，以形成人际关系的基于计算机网络的社会集合体。当前，网上聊天室、BBS 论坛、讨论组、QQ 群、微信群等构成了网络社区成长的丰饶土壤。网络社区大大促进了信息和知识共享的数量和质量。

——党跃武，谭祥金.信息管理导论.3 版.北京：高等教育

知识加油站

出版社，2015.

生成式智能搜索

生成式智能搜索支持以结构性文本的形式生成答案集合，呈现出语义要素之间的价值关联；可以与用户进行多轮对话，根据检索语境和意图，提供更贴合对话上下文和用户需求的答案；倾向于在对话语句中加入拟人化和情感化的表达。生成式智能搜索的三个突出特征，分别为内容整合性、问答交互性、工具拟人性。

——吴丹，孙国烨. 生成式智能搜索结果可信度研究. 中国图书馆学报，2023，49（6）.

信息产业

信息产业是国民经济活动中与信息产品和信息服务的生产、流通、分配、消费直接有关的相关产业的集合。信息产业除具有一般产业的基本特征外，还具有以下主要的突出特征：

（1）是知识、智力密集型产业；

（2）是技术更新快、加速性的创新型产业；

（3）是标准依赖的竞争型产业；

（4）是研发成本大的高风险型产业；

知识加油站

（5）是规模经济效应突出的产业。

例如，信息产品加工制造业与服务业；信息搜集、储存与提供产业、微电子计算机、信息控制与处理设备制造业与服务业；电信、网络设备制造业服务业都属于信息产业。

——马费成．信息经济学．武汉：武汉大学出版社，2012.

旅游网站举例：

【同程旅行】https：//www.ly.com

【去哪儿网】https：//www.qunar.com

【途牛网】https：//www.tuniu.com

【艺龙旅行】https：//www.elong.com

【携程旅行】https：//www.ctrip.com

【马蜂窝】https：//www.mafengwo.cn

旅游网站有许多，这些网站提供国内外汽车票、火车票、机票、酒店预订、度假团购和旅游攻略等服务。利用好这些网站，相信读者可以得到许多有用的信息并制订出合理的自由出行计划。

汽车票、火车票、机票的信息查寻与预订：

大多旅游网站都可以提供汽车票、火车票与机票的查寻与订购，如去哪儿网和携程旅行等，此外中国铁路官方网站12306（http://www.12306.cn）也可以实现这些功能。在这些网站中购票，最主要的是，对出发地、目的地、出发时间等关键信息要确认无误，然后再根据个人需求进行排序筛选，最后根据网站指示来填写乘坐人的姓名、身份证、手机号码等信息进行预订。这里再介绍一个国内非常专业的汽车票服务网站——畅途网（https：//www.changtu.com）。打开畅途网，在"汽车票"页面中可以选择"出发城市""到达城市"，选择出发时间后点击"搜索"即可查看车次的时间、具体出发地点、价格等信息，选择好合适的车次即可预定。

酒店信息的查寻与预订：

许多旅游网站都会提供酒店预订服务。以去哪儿网为例，点击分类导航栏中的"酒店"，在入住城市中输入拼音"jiuzhaigou"或首字母"jzg"，点击弹出栏"九寨沟"，然后选择入住日期与离店日期，点击"开始搜索"，再根据个人需求与偏好对搜索结果进行排序筛选，如可以按照价格优先、好评优先等排序，按照酒店的星级与价格范围、酒店的区域位置、酒店评分、房型、酒店类型、是否促销优惠等筛选。点击进入每条具体的搜索结果，

便可以浏览各个酒店的总体信息，如地址、评分、预订或点评数量、交通位置、联系方式等。

手机离线地图的利用：

出门在外，找不到路，又恰逢手机没有信号或网络，怎么办？不必担心，利用手机离线地图便能解决。

以高德地图为例。打开后进入离线地图功能，直接搜索阿坝藏族羌族自治州地图，<u>下载</u>解压后，即使没有网络也可以查看该州的地图了。手机离线地图的利用，最关键的是，必须事先在有网络的地方下载好所需地区的离线地图。

知识加油站

下载

下载指通过网络技术或工具，把互联网或其他媒体（含计算机、手机、平板设备等）中的信息保存到本地信息终端上的一种信息行为。

购物
消费篇

1

自从上次蹦极过后，华朵像是打了鸡血。工作充满了干劲，态度也积极了许多。她的上司想为难她也找不到什么好的理由。这天，华朵向上司请命，要带着实习生晓薇到县城去宣传她们公司的网购平台。可能是由于晓薇才刚刚来公司实习，她还没有习惯职场生活，稚嫩的小脸上写满了不情愿。看着眼前这气嘟嘟的新人，华朵深深地叹了口气，道："晓薇啊，你为行人解答网购疑难的时候要更有耐心一点。我们在大街上设点宣传，是为了宣传网购便利性，提升我们网站知名度的。这些路过的大姐大妈，她们可都是我们网站的潜在用户啊！她们愿意来咨询，我们就要耐心解答，而不是像你刚才那样，嫌弃人家这不懂、那不懂的，还差点儿和人家吵起来。你说刚才要不是我正巧过来看到……"

"哎！这不是华朵嘛！朵儿！"

嗯？好像谁在叫我，华朵停止了碎碎念，四处望了望，在人群中看到了正兴奋地冲她挥着银色太阳伞的二婶。二婶体态丰腴，身着一条及膝白色连衣裙，搭着一双黑色平底单鞋，左手挽着比她还矮一点儿的二叔。呵呵，每次见他俩，都会油然而生一种"这才是真爱"的感慨。高胖二婶看上了矮瘦二叔的老实，二叔也中意二婶的真实。二婶在县城一家药房当营业员，二叔则是空调公司的一名科长，婚姻生活十分和谐。二叔家幸福美满，三叔家也情笃和好。三叔前些天还说起来计划要和三婶去湖北旅游呢！

长辈们都有着美满的家庭，同辈的表姐夏瑶也早有了幸福的三口之家。我什么时候才能遇见自己的真爱呢？唉，先不想这个了。

"晓薇，你先去忙着吧，态度一定要好哦。要时刻体现公司的微笑服务理念！"华朵交代完毕，便挤出了宣传棚，急步走向二叔夫妇。

"二叔、二婶，真巧！您二位这是准备去哪啊？"

"嘿嘿，我们准备进市里一趟。"二婶乐滋滋地答道。

"哦？这么急急忙忙的，难道是有什么好事！"

"你这精灵鬼！是呀，好事、好事！你二叔公司在市里开了新的分店，他被调过去当店长，我和你二叔商量着就近在市里买套房子，方便你二叔上班。我也向单位申请调到市里的药房上班，等你堂弟晓晨高考结束之后就搬过去住。往后呀，儿子上大学走了，我和你二叔就要天天过两人世界啦。这不，趁着周日想着去市里了解了解情况。唉，要忙的事儿一大堆呢！"

"真的？哈哈，二叔二婶这是越活越年轻啦，还要过'两人世界'呢！"华朵笑着打趣道。

二叔瞅了瞅旁边的网购宣传语，突然向华朵问道："朵儿，你们那个网购，真那么好？可以在上面找房子吗？这么热的天，我们这么跑过去估计收获也不会很大。"

华朵愣了愣，笑着说："二叔这是心疼二婶啦？虽然我们那个网站中没有，但是你们可以在别的网站中了解。对啊！无论你们是要买房，还是租房，先在网上了解相关情况，你们才能对那些售房人员、房屋中介人员说的话保持理智的判断力，而且胸中有丘壑，才更有机会找到满意的、价格公道的房屋。"

"你们等一等。"随即，华朵掏出手机，进入百度（https：//www.baidu.com），输入"购房"这个**关键词**，对检索出的结果浏览了一会儿后，说道："我刚刚大致了解了一下，你们要查寻房屋的相关信息的话，可以在网上通过如百度、搜狗等搜索引擎进行信息检索；或者直接进入买房、租房的专业网站中进行浏览；闲暇时，你们还可以浏览一下如新浪网、搜狐网等门户网站的'房产'板

上网搜索你的心动房源

贴心好服务

块内容；我们平时登录某些常用的软件时，如腾讯 QQ 等，会有**信息推送**的功能，其中也有'房产'这一主题的信息。而且前面我说的那些搜索引擎、专业网站与门户网站等，一般都有相应的移动 app，方便我们在智能手机上随时进行查寻，就像我刚刚那样。此外，有些买房、租房的 app 上还支持 VR（Virtual Reality，虚拟现实技术）远程带看功能，可方便啦！同时在手机上我们还可以通过微博、微信来关注一些如房地产管理局等相关机构或者一些房地产公司所发布的权威、官方的房产信息。我想想看，还有什么。对了，我们除了在网上查寻与实地了解外，还可以利用一些别的渠道，如收看相关的电视栏目，或者阅读报纸上的房产、楼盘信息。还有，我记得二婶好像说过您有个侄子在房产中介公司工作，您也可以向他打听一下，**人际网络**也非常有用哟。"

"朵儿，你看你真聪明，知道这么多。好！回去我们就按你说的去做做看。"

"呵呵！哪有，二叔您过奖了！通过我给你们建议的那些**信息渠道**，你们便会对买房、租房信息，包括相关的政策有一个比较详细的了解。如果找到一些中意的房屋，你们再去实地看房，做最后的挑选，这样也可以少些来回的奔波。"

说完，华朵习惯性地一看时间："哎呀！都这个点儿啦！二叔二婶，我还有事儿，得回公司一趟。先走了，下次再聊！拜拜！"华朵急匆匆、形如风地告别了她的二叔二婶。

知识加油站

关键词

关键词指那些出现在文献的标题（篇名、章节名）、摘要或正文中，对表达文献主题内容具有实质意义的语词。

——黄如花 . 信息检索 . 3 版 . 武汉：武汉大学出版社，2019.

通俗地讲，关键词就是能够代表一句话、一段话、一篇文章甚至是一种思想的词或词组。利用关键词检索是网络检索的一种重要的方法。关键词应尽量选择特定概念或者专业术语，譬如使用名称或物体做关键词。一次输入，以 2—3 个关键词为宜。但要避免使用太泛的词。举个例子，若是想要查找某市主城区的房源情况，就可以使用"市名"加空格，再加上"主城区　房源"等关键词来检索，而不用输入整个句子。

信息推送

信息推送是通过一定的技术标准或协议，在互联网上通过定期传送用户需要的信息来减少信息超载（参见"休闲娱乐篇"第6 节的知识点"信息超载"）的一项新技术。推送技术通过自动传送信息给用户，来减少用于网络上搜索的时间。它根据用户的兴趣来搜索、过滤信息，并将其定期推给用户，帮助用户高效率

知识加油站

地发掘有价值的信息。信息的推送主要采用邮件式推送、频道式推送、网页式推送、专用式推送。

——奉国和.数字图书馆.北京：北京大学出版社，2013.

简单来说，信息推送就是信息自动地送到用户面前的技术，实现"信息找人"，而不是"人找信息"。

人际网络

人际网络亦称"人际信息源"，指社会中的个体及个体之间的联系的集合；它实质上是为达到特定目的，人与人之间进行信息交流的关系网。简单来说，人际网络就是由多个节点（个体，包括人或组织）与各节点之间的连线（个体间关系，包括交流的方式和内容）组成的集合。

——颜端武，王曰芬.信息获取与用户服务.北京：科学出版社，2010.

信息渠道

广义的信息渠道即信息联系。严格意义上的信息渠道即信息交流的渠道，就是传送和交换各种信息的媒介和工具。信息媒介，

知识加油站

如信息网络、印刷文献、电子书、缩微胶片等；信息工具，如计算机、电视机、录音机、数码摄像机等。信息渠道对于信息接收者也是信息源。

从信息交流的角度，信息渠道可以分为：一是自然信息渠道，由人类自身的信息器官（主要指感觉器官和语言器官）来传递和交换信息；二是人工信息渠道，以人工信息中介（如各种文献、专门机构、计算机信息网络、大众传播媒介等）传递和交换信息；三是通信信息渠道，通过现代通信技术（如电话、传真、互联网等）传递信息。

——党跃武，谭祥金.信息管理导论.3版.北京：高等教育出版社，2015.

查寻房屋信息的专业网站举例：

【房天下】https：//www.fang.com

【搜狐焦点网】https：//house.focus.cn

【安居客】http：//www.anjuke.com

【链家网】http：//www.lianjia.com

【楼盘网】http：//www.loupan.com/

这些网站涉及卖房、租房的信息全面，涵盖新房、二手房、租房、商业地产租售、业主论坛、房产快讯、装修家居等内容，但偏重房屋买卖、租赁信息。

查寻房屋信息的门户网站举例：

【新浪网】https：//www.sina.com.cn

【新华网】http：//www.xinhuanet.com

【腾讯网】https：//www.qq.com

【凤凰网】https：//www.ifeng.com

这些门户网站的"房产"板块除了有丰富的房屋买卖、租赁信息外，还有更多的房产行业信息，如买房的政策、房交会、业主维权、置业指南、贷款、业主论坛，甚至房屋风水也有涉及。

2

通过侄女华朵的介绍，二叔和二婶浏览了几家网站的房源信息，并经过实地看房，找到了一家甚合心意的房子。原来，这家房主本来都已装修好房子，还没入住就被女儿接到大城市生活了，于是就把这套房子贱卖了。连装修钱都省下来了，二叔二婶甚合心意。简单地买了家具进行布置之后，他们就等着儿子高考之后搬过去。他们想着多亏了大哥家的那个机灵鬼华朵丫头，这天就请了朵儿来家里吃饭。

"朵儿，来！二叔敬你一杯。"

"二叔，您客气了。"华朵连忙从饭桌旁站起来，与二叔碰杯，一饮而尽。

"朵儿，你不要谦虚了，要不是你的热情支招，二叔我怎能买到那套房子呢。虽然它装修得简简单单，但是周围环境与格局都很好，价位也比较令人满意。等二叔搬到新家之后，再请你吃一顿。"

"呵呵，就是呀！要不是朵儿，我们恐怕得经常抽时间去将这市区跑个遍。这又是酷暑天，还不知道得遭多少罪呢！朵儿，你最近工作怎么样，辛苦不？"

Go Shopping

网络购物好方便

在家也能购物

账单也能一目了然

对准商品正面，可自动识别

"还好，还好。跟往常差不多吧。"呜呜！其实一点儿都不好。昨天开会，因为上个月的网站交易额并没有显著提高，主管又催了，天天就像在催命似的。

"朵儿，你们那个网购平台叫啥来着？二婶呢，这两天想买一些日常用品，但又没有太多空闲时间去街上挑选，就想起了你常挂在嘴边的那个网购，所以想尝试一下。你有空教教二婶呗。"

"您真想试一试？哈哈，二婶，这个网购啊，真是很方便的，省时省力，还可以省钱。一会儿我就给您演示一下。"华朵心里好不激动，这也可以算是在发展自家网站的潜在用户呀！虽然购物网站众多，但华朵对自家网站非常有信心，相信二婶终会成为她们的忠实用户的。

"好呀！"二婶迅速地将碗里的饭吃完，"我吃饱了，大家慢慢吃！"

二婶凑近二叔小声地说："嘻嘻，老公，待会儿洗碗的重任就交付给你了，我去学习网购了。"然后，转过头来对华朵眨巴眨巴眼，"朵儿，二婶先去开着电脑等你哟！"

"二婶，您等等，我马上进来。"哈哈，二婶这副模样真可爱。

咚咚……咚咚……

"朵儿，快进来，来这儿坐下。"

"好的，二婶，那我们开始吧。其实我们网购，最重要的一点，就是要知道在网上的什么地方可以获取商品信息。同前面你们查寻房屋信息时类似，一般我们可以通过这些渠道获取，如搜索引擎、各种专业的购物网站、各门户网站的'购物'板块、常用软件推送新闻中的'购物'板块等，以及这些相应的移动 app 中。并且还可以在手机上关注购物网站的官方微博、微信公众号或微信小程序。嗯，还有就是在各种社交软件中，我们也可以看到一些朋友推荐的商品信息，如微博、微信朋友圈、腾讯 QQ 空间。"

"这么多呀！"

"在这个网络时代，查寻商品信息的途径确实非常多。我们可以从专业的购物网站开始，慢慢来嘛。您看，我们直接进入这个购物网站，这里面一般有两种查寻方式，一种是根据购物网站对商品的**信息分类**栏目进行浏览，另外一种是直接按商品检索或者店铺检索。比如，要买洗衣液，我们可以在'清洁用品'这个主题下面去一个一个地进行**信息浏览**[①]，也可以直接在检索框中输入'洗衣液'进行**信息检索**[②]。"华朵分别点开了京东的信息分类浏览页面（图 2-1）和淘宝的信息检索界面（图 2-2），又

---

① 参见"旅游出行篇"第 1 节的知识点"信息浏览（浏览）"。

② 参见"旅游出行篇"第 1 节的知识点"信息检索（检索）"。

接着介绍，"浏览，是一层一层点开主题，只动鼠标，不用输入检索词；检索就不同了，它是由您自己直接输入您想检索的内容。您如果嫌浏览太慢，或者不知道该点开哪个主题才有'洗衣液'的话，那就直接检索吧！您看，我点开的这些购物网站里面可以说应有尽有，有衣、食、住、行，还有理财产品、电影、画展等。呀！这个淘宝里，现在连房产信息都有了呢，家政服务、家电维修服务、宠物服务等生活中所需服务也有了呢。"

图2-1　京东的信息分类浏览页面

图2-2　淘宝的信息检索界面

"不错，想找啥都能找到。"

"然后，您再具体按照购物网站的'新手指南'的介绍做，就可以在这个网站中完成购物了。"

"那我来试试吧！"

在其后的日子里，二婶时不时地就打开一些美妆网站选购一些护肤品，连带着出门也都省去了。然而，一连拆了几个包裹后，二婶发现，买回来的商品却并不似网站上面说的那样完美。看来还得继续去麻烦这个小侄女。

知识加油站

信息分类

信息分类是以合理的分类体系为依据，根据信息的内容属性和其他特征，将各种类型的信息分门别类地、系统地组织和揭示的方法。

——马张华.信息组织.3版.北京：清华大学出版社，2008.

例如，对于图书分类来说，许多图书馆便是依据《中国图书馆分类法》这个分类体系，根据图书的学科内容、形式、体裁等，将图书归入某一个类目之下。

而各个购物网站则主要是以事物或主题为中心进行商品信息的划分，将商品分为服饰、鞋包、配饰、家电、美妆、食品等。

（参见"子女育教篇"第4节的知识点"分类法"。）

查寻购物信息的专业网站举例：

【京东】https：//www.jd.com

【淘宝】https：//www.taobao.com

【当当网】http：//www.dangdang.com

【唯品会】https：//www.vip.com

【苏宁易购】https：//www.suning.com

【国美】https：//www.gome.com.cn

【聚美优品】http：//cd.jumei.com

以上网站都是综合性的购物平台，每个网站内各种商品都有卖，服饰、箱包、鞋靴、美妆、食品、图书、数码、家电、家居……这些网站各有其优势：淘宝有一个庞大的家族"靠山"，即阿里巴巴集团；京东是综合性网上购物商城，送货快；当当网更专业于图书；唯品会更专业于品牌服装的特卖；苏宁易购与国美则都更专业于家用电器；聚美优品则更专业于化妆品的限时特卖。

3

"叮咚！叮咚！"

"华朵，你二婶来了，快起来。"华朵妈妈正准备去超市买点菜，一开门，正好看到敲门的二婶。华朵妈妈简单地和二婶聊了几句，就去超市买菜了。华朵妈妈是一家国企的工会干部，平时工作很忙，性子也急，做事风风火火。

"谁来了？二婶，您来了呀。"看来周末没法睡懒觉啦！华朵从柔软的大床上坐起来，耷拉着脑袋，眯着眼。一会儿后，才慢悠悠地"飘"向了洗手间去洗漱。五分钟后，华朵神清气爽地走出了房间，来到客厅。

"二婶，您来找我妈吗？我妈呢？"

"不是，二婶是过来找你的。你妈妈刚刚出门，去超市买菜了。"

"找我？"

"是呀。上次在你的帮助下完成了几次网购后，我自己又买了几次。但是，遇到了一些问题。听你妈妈说你今天休息，所以我一大早就过来了。先不说那些，你先看看这个，我特地提过来，让你们尝尝鲜的。"

"这是什么呀？是什么水果吗？"华朵看见桌上摆放着几个鸡蛋大小的，圆圆的紫红色的果子。

"呵呵，你猜猜看？"

"哼哼，二婶，这您就小看我了吧！您等一会儿。"只见华朵拿出手机，对着桌上的果子拍照，随后就低头一直对着手机好一会儿，再抬头咧嘴一笑，"哈哈，二婶，这个是不是叫百香果啊？"

"呀！你怎么知道的？这五月份的天气啊是越来越热了，想着给你们买些百香果泡水喝，少喝一些也是降火气的。刚刚看你反应，你肯定没有吃过呀。"

"有它在呀！"华朵摇摇手上的手机，"虽然我不能用准确的文字形容出这个果子，但我刚刚不是拍了这个果子的照片嘛，我便使用了一个**以图搜图**的搜索引擎，把我拍的图片上传了，接着我就找到了好多关于这个果子的图片，最后从那些图片的来源中就找到了这个果子的名字了，厉害吧？"

"什么搜索引擎啊？给我看看！"

"这里，二婶，您看，"华朵随手打开了百度识图网站（图2-3），"您直接在搜索引擎中输入'百度识图'，就能找到这个网站。其他类似的以图搜图软件，还有360识图、搜狗识图等。另外，还有一些专业性更强的，比如有一个叫花伴侣的app，就是专门识别植物图片的。您只需拍摄植物的花、果、叶这些特征部位，就可以快速识别出植物了。这个花伴侣，能识别近5000种常见的花草树木。总之，识图的软件很多。以后遇到您不认识的物件儿，您就有了'秘密武器'了！"

图 2-3　百度识图首页

"科技的力量真强大啊！"

"那当然！这个在一些购物网站中也有相应的应用，例如淘宝，如果您仔细观察该网站的搜索框，便会发现在搜索框最后的地方有一个相机形状的图形。同刚刚那个果子类似，如果我们在某个地方看见一个自己也想购买的商品，但不知道它确切的名称，那么我们可以给它拍张照片，然后点击我刚才说的那个相机图形，把所拍的照片上传到这个网站或者 app 中进行检索，便会检索出许多该商品的出售信息了。利用手机，您也可以先进入淘宝的 app，同样点击那个相机图形，将手机镜头直接对准商品，保持稳定，手机便会自动对该商品进行扫描识别，会立即检索出许多相关结果了。"华朵边说，边把手机递给二婶，展示淘宝 app 的"以图搜图"功能（图 2-4）。

图 2-4　淘宝 app 的"以图搜图"功能截图

　　"在淘宝里面，原来还可以这样进行检……检索啊！"二婶也尝试着使用从华朵嘴里不断冒出来的专业术语，"对了，朵儿，'搜索'和'检索'，它们是同一个意思吧？"

　　"是一个意思。在不同的信息平台里，术语使用可能不完全一样，"华朵解释后，又继续前面的话题说了下去，"再告诉您一种在淘宝 app 里检索的方式吧！如果您仔细观察淘宝首页搜索框的最前面，您会发现'扫一扫'的字样，点击该图标，您便可以通过扫描商品的条形码或者二维码进行检索啦。"

　　"是不是就是同现在满大街的微信扫一扫类似？"

　　"嗯嗯，类似的。对了，二婶，您刚才说您网购遇到了一些问题，那就尽管问吧。这个可是我的强项呢。"

"主要就是我不太会选择那些商品信息，所以我觉得在网上逛，也是需要不少的时间与精力呢。我在逛那些网站时，遇到了很多我觉得实用或者好看的商品，都挑花眼了；而且购物网站有很多，我没有时间每个都去逛一逛呀；即使是同一种商品，也有多个款式、多个品牌、多个店铺的，且有些价格相差甚远，想要买便宜的吧，但又担心质量问题。"

"二婶，您有这些问题，很正常。这就是我们经常说的'<u>信息选择</u>'的问题。其实有好多人都向我们咨询过。"

"就拿上周来说吧，我在网上为你二叔买了一套睡衣。谁知收到货清洗后，发现那套睡衣不仅严重掉色还缩水，把你二叔气得，当即决定他的东西都不准再网购了。"

华朵听后，不禁莞尔："二婶，您可以让二叔乐观一点地想，其实经历几次失败的网购没什么不好的，这样才能从失败中得到经验与教训嘛。"

"呵呵，朵儿，那有什么办法能够不用花太多时间与精力来选择，却又能买到物美价廉的东西呢？"

叮咚叮咚。"估计是你妈妈买菜回来了，朵儿快去开门。"

"她二婶，看我买了鱼回来，今天中午就留在家里吃饭。我虽然没有我妈手艺好，但是也不差。哈哈哈，你们等会儿，马上饭就好。"朵朵妈妈转身进了厨房。

"你妈妈的工作那么忙，可还是亲自给你下厨，朵儿啊，你真有口福！"

"说起有口福，谁不知道我二叔那厨艺，二婶还是进屋继续讨论吧。"

"你这丫头，就会拿我打趣，刚才说到哪里啦？"

"要说到如何对那些海量的商品信息进行选择，我还真有一些诀窍。那些诀窍可都是我从多次的网购经验与工作中总结出来的呢。"

"正好，我想买几样东西，你就帮我挑选一下吧。"

"好的。您想买到物美价廉的，那我就从物美与价廉这两个角度来说吧，然后您再根据具体的需要与商品的特性，适当地将两个角度结合，有所侧重地选择即可。我们先来说一说物美的角度。我们首先可以从商品**信息源**的选择入手，这能在一定程度上保证商品质量。我们应选择这些平台或者店铺的商品信息：专业、可靠的购物网站；知名品牌的官方网店；以前购物成功过的网店；在实体店中体验过的相应网店。"

"嗯嗯，这个好理解。还有呢？"

"其次，我们可以对商品信息查寻的结果进行选择，这样能排除很多不需要的商品信息，节省我们的时间与精力。我想一想哈……大约可以通过这样几种方式来进行。第一种，对查寻结果进行筛选。一般各购物网站都会有这个功能，我们可以按照所需商品的品牌、价格、款式、功能、材质、颜色、尺码、卖家所提供的折扣或服务等属性进行筛选。比如，您只要棉布做的衣服，那么在查寻结果的分类筛选中，在'材质'里选择'棉'即可。第二种，对查寻结果进行排序。结果排序是各购物网站都有的功能，通过这个功能，我们可以将那些查寻出的商品信息按照综合、价格、销量、卖家信用等方式来排序显示。比如，您如果觉得销量越多的可能质量就越好，那您就点击销量排序，然后就可以重点挑选排序在前面的商品。第三种，查看这种商品的卖家店铺的评分指标得分，如商品描述得分、卖家服务得分等。第四种，查看卖家对该商品提供了哪些服务，比如是否有包邮、卖家承诺24小时发货、7天无理由退货、支持货到付款等。第五种，查看该商品的买家评价与图片分享，包括对**书评**、影评等的查寻。不过，需要特别注意的是，一些购物网站中显示的商品销售数量以及买家评价中，充斥着网络刷单'水军'的购买与评价，因此我们不能盲目地相信那些销售数量与评价。第六种，利用购物网站所提供的通信工具(如淘宝提供的是阿里旺旺)，直接向卖家进行咨询，确认该商品是否适合自己。当然，还有最后一种，那就是跟风购买。具体地，可以跟着使用过商品的身边朋友买，也可以跟着荐物带货达人、网络视频主播买，如一些知名的个人带货主播，他们为了维持自己的大众形象，所推荐的商品也是经过一定筛选的，同时也能给予大家一些特殊优惠，此外各个品牌官方旗舰店一般也会为了更好地展示其商品效果，进行网络视频直播展示，并给予一定的红包优惠活动。"

"呀！这个选择的方法可真多。"

"呵呵，我先说着，待会儿您买的时候我们再具体实践。"

"还有吗？"

"还有就是从价廉角度来说了。我这里有四种省钱的方式。第一种，利用'比价工具'在商品信息查寻中进行实时比价，从而选择更便宜的商品。第二种，在返利网站中进行购买。第三种，把握住各平台的团购、秒杀、限时购、天天特价与节日优惠购等活动。最后一种，对于一些耐用品，如图书、汽车等，我们可以通过网络中的二手市场的网站来获取。"

二婶一副恍然大悟的样子，并感慨道："想不到一个网购也能有那么多的讲究啊。正好你在，我这就实践一下，你再帮我指导指导。"

不久，在华朵的不时指点与多次实践后，二婶也成了一位网购达人，并带动起她的好姐妹们一起成为华朵工作那家网站的忠实用户。

知识加油站

以图搜图

以图搜图指通过输入一张图片（可以从电脑或者手机里已有的图片中上传到相应的搜索界面），以查找具有相同或相似内容的其他图片。以图搜图实际上是属于**基于内容的图像检索**。

基于内容的图像检索

基于内容的图像检索指由软件对图像进行自动分析，提取图像的内容特征，如颜色、形状和纹理等，以及这些特征的组合，作为特征向量存入图像特征库。在进行图像检索时，计算机会对一幅给定的检索图像进行图像分析，提取特征向量，利用相似性匹配算法计算，对示例图像与特征库中图像特征向量的相似度进行比较，再根据相似度的大小输出检索结果。简单来说，就是我们上传一张图片作为示例，然后相应的检索工具会为你返回与那张示例图片在颜色、形状和纹理等方面具有一定相似度的多张图片。基于内容的图像检索是图像检索的两种实现方式之一。图像检索的另外一种方式是**基于文本的图像检索**。

基于文本的图像检索

基于文本的图像检索是通过文字信息对图像属性进行描述来检索。例如，检索一张关于冰箱的图片，即在相应的图片搜索网站中输入"冰箱"这两个字来进行检索，这是我们最常用的检索图片的方式。

——奉国和.数字图书馆.北京：北京大学出版社，2013.

信息选择

信息选择指对原始信息或经过加工的信息材料进行筛选和判别，有效地排除不需要的信息，选取所需信息的过程。

——邓小昭.网络用户信息行为研究.北京：科学出版社，2010.

知识加油站

信息选择的目的就是从采集到的、处于无序状态的信息流中甄别出有用的信息，剔除无用的信息，它是信息有序化组织的重要环节。

信息源

顾名思义，信息源即信息的来源。在某种意义上，凡是能够产生、持有或存储信息而且具有潜在的传输或交换信息可能的任何个人、团体或实物都可以成为信息源。由于社会的信息来源极其丰富，是由多种载体类型、多种记录手段、多种传播方式的信息源组成的体系和集合，因此信息源有多种分类方法，可以依照不同的标准划分出多种信息源类型。例如，按照信息源的存在方式可分为：信息物体源（实物信息源和文献信息源）、信息人类源（人际信息源和组织信息源）与混合信息源。

——党跃武，谭祥金.信息管理导论.3版.北京：高等教育出版社，2015.

书评

书评是以图书为评论对象，对书籍的内容和形式等整体进行客观的、公正的、有理论的分析的评论。书评就是对书籍进行评论、

知识加油站

分析，探讨书籍的内容——思想性、科学性、艺术性，乃至书籍的形式，从而对书籍进行价值判断，包括对书籍正面的价值判断与负面的价值判断的文章。

——徐柏容.现代书评学.苏州：苏州大学出版社，2005.

比价工具：

当前的比价工具主要有两类，一种是比价网站，一种是比价插件。

比价网站：

【慢慢买】http://www.manmanbuy.com

比价网站都是一站式的购物入口，可以提供针对整个互联网的专业比价搜索服务。同一种商品的不同品牌之间，哪个品牌的价格更便宜；同一款商品，在哪个购物网站中的价格更便宜。这些在比价网站中都可以一目了然。

比价插件：

虽然说直接进入比价网站可以很全面地对商品价格进行比价，但对于那些已经习惯在自己熟悉的购物网站中购物的用户而言，并不方便。而通过一些浏览器的扩展和插件，如购物党这类浏览器插件，却能实现在一个购物网站的商品页面中，便可以查看该商品在其他的购物网站中的价格，即多站比价的功能。比价插件还能够通过价格走势图，直观地显示该商品在最近几个月中的售价情况。

查寻购物信息的直播网站举例：

【淘宝直播】https：//taolive.taobao.com

【蘑菇街】https：//www.mogu.com

新闻
民生篇

1

近来，华朵和高歌经常通过微信聊天，大到人生理想，小到微博的一个笑话片段，两人总有说不完的话题。两人的关系在不断升温。昨日，与高歌的聊天又进行到了深夜，第二天华朵工作都不在状态。这一天的工作简直是煎熬啊，以后可不能熬夜了，不仅伤身体还影响工作。华朵边走边想着。

"华朵，回来了，看看谁来了。"华朵拖着疲惫的身体，从公司回到家里，一进门就听到爸爸的招呼声，定睛一看，陶然这家伙竟然也在家里，看样子刚才和爸爸还聊得挺投机呢。

"聊什么呢？"看到陶然和爸爸坐在电脑面前讨论得津津有味，华朵便饶有兴趣地凑上前去。

"我和叔叔一起研究网络呢！"陶然说道。

"爸，实在不好意思啊，我放您鸽子了。"华朵战战兢兢地向爸爸道歉，并向陶然投去了求援的眼神。

华朵爸爸是区环保局综合办公室的干部，工作认真踏实，只是由于常年忙于事务性工作，对互联网的运用较为生疏。他的工作与网络没有直接关系，办公室里自有年轻人在处理与网络相关的具体工作事务。但是，近年来，由于国家开始重视环保**信息化**与**大数据**工作，加上环境舆情监测与处置这些工作也日渐成为局里的重要工作内容，局里在春节放假前便决定，等局里安装好新的政务信息系统后，在年内举办一次面向全局员工的电子政务知识与技能培训。华朵爸爸性格要强，想在培训启动之前就先来个"笨鸟先飞"，所以春节刚过，他便在家里表了决心：即使工作再忙，回家也要抽时间请女儿教自己，争取早日成为网络熟手。

没想到的是，开春后，华朵工作就特别忙碌，最近刚入公司的实习生晓薇又不是很合她的心意，常常要返工，重新来写策划，平白增添了华朵的负担。爸爸看在眼里，心疼自己的女儿，总想让华朵利用短暂的休息日多出去放松放松，释放一下工作压力。于是乎，这答应好久的网上办公培训便一天天地拖了下来。

"没有关系，你不是忙嘛，只好麻烦专业人员小陶同学。"爸爸显得有些无奈地摆着手道。

"叔叔都跟我说过了，你每天都加班到这个时候，也挺辛苦的，所以就交给我了！"

"谢谢你了，我的竹马——小陶同学，也谢谢爸的理解。"华朵向陶然和爸爸抱歉地说道。陶然就住在华朵家楼下，是华朵从小玩到大的小伙伴，两人也是大学的校友，华朵学电子商务，陶然学计算机科学与技术。这陶然，自从踏入计算机的大门，算是无法自拔了，活脱脱的一个技术控。这两人的关系，用当下时髦的词可称得上是"蓝颜知己"了。华朵一直把陶然当成亲弟弟来看待，却没看出来陶然早就对她"芳心暗许"。华朵边收拾边还纳闷着：陶然明明是个宅男，怎么会往自己家跑呢？

"赶快去收拾收拾吧，人家陶然已经给我制订好了学习计划。"

知识加油站

信息化

信息化是由信息革命所引起的一个社会经济变革的过程。中国的《2006—2020 年国家信息化发展战略》指出，信息化是充分利用信息技术，开发利用信息资源，促进信息交流和知识共享，提高经济增长质量，推动经济社会发展转型的历史进程。从本质上讲，信息化是一个推动社会转型的过程，一个从工业社会向信息社会转变的过程。

——周宏仁.信息化概论.北京：电子工业出版社，2009.

知识加油站

大数据

大数据是具有海量性、多样性、精确性、时效性等特征的数据；处理大数据需采用新型计算架构和智能算法等新技术；大数据应用强调以新的理念应用与辅助决策，发现新的知识，更强调在线闭环的业务流程优化。

——工业和信息化部电信研究院编.大数据白皮书（2014）. http：//www. caict. ac. cn/kxyj/qwfb/bps/201804/t20180426_158186. htm.

2

"叔叔，我们先从网上查寻新闻开始吧。"

"好呀，虽然我偶尔也会去网上看看新闻，但是主要还是读读报纸、听听广播、看看电视里的新闻联播，这些都没有新鲜劲儿了！"

"叔叔，您讲的这些获取新闻的方式，就已经将传统的主流媒体覆盖全了！我下面想向您分享的几种网络新闻获取方式，可能您或多或少地也知道一些。我就献丑一起说一说哈。"

"网上获取新闻信息的方式与渠道很多，第一种，我们可以到大型门户网站下的新闻专题进行浏览，比如进入百度新闻、新浪新闻等，然后根据它们提供的分类目录进行浏览。值得一提的是，许多新闻报道的下面，还有专门的评论区，可以将你看完的感想进行发表，也可以看到别人的想法。"陶然略带紧张，像个小老师般，一板一眼地说道。

"对的，我一般就上百度新闻，但是没注意到还可以进行评论。"华朵爸爸边说边打开浏览器，在地址栏输入了百度的网址，然后又点击进入了新闻板块。

"叔叔，每次输入网址太麻烦了！"陶然连忙说，"您可以使用**导航网站**呀！把浏览器的主页设置成'hao123'吧，这就方便多了。"

接下来，陶然很快就为华朵爸爸完成了操作。

"叔叔，除了浏览方式以外，第二种就是检索方式，比如利用搜索引擎，在搜索框中输入关键词来查找自己想了解的新闻信息。"

"这个我知道。"华朵爸爸是个好奇心极强的人，有时赶上华朵在家上网查资料啥的，华朵随口介绍这么几句，爸爸便依葫芦画瓢学会了简单的检索方式。

"嘿嘿，利用搜索引擎检索时还有好些学问在里面呢！您平时在百度搜索引擎里都只是用一两个关键词来进行检索吧？"

"是啊！大家不都这样用的嘛。难道还有些什么别的用法？"

"您使用的只是搜索引擎的**基本检索**功能。它还有**高级检索**的功能，能让我们更快、更准地查找信息。"

"还有这个呀？那你就拿百度搜索引擎给我讲讲呗。"

"我正有此意呢。我们先转到百度首页，然后将鼠标移到首页右上角的'设置'上，您看，弹出的下拉菜单中就有'高级搜索'字样。您点击进去吧！"

"嘿！进来了！"

"百度的'高级搜索'，能够实现很多复杂的检索功能呢！比如这个'包含全部关键词'检索框，就体现了**布尔检索**的思想，它其实就相当于我们中学里学过的布尔运算中的交集运算。"

"哦，这个我知道，它好像又叫'逻辑与'。那意思就是说，如果我在这个框里输入 A 和 B 两个检索词，百度就能把同时包含有 A 和 B 的信息检索出来？”

“太对了！叔叔，只不过，百度高级搜索框里，没有使用布尔运算符，而是用更通俗的‘包含全部关键词’来表示。”陶然兴奋地接着说，“您看，下面这个估计您也清楚呢！‘包含任意关键词’相当于‘逻辑或’，也就是让搜索引擎做并集运算；‘不包括关键词’相当于‘逻辑非’关系，也就是让它做差集运算。”

“太好了！你给我演示一下吧！就查我的环保话题吧！”华朵爸爸说。

“好的。我们来查找一下最近一年咱们政府网站上发布的关于环保方面的通知吧！”陶然敲击着键盘，嘴里也没闲着，“先在‘包含全部关键词’这栏中输入咱市名和‘通知’，注意，两个词间要留一个空格哟；同时呢，再在‘包含任意关键词’一栏中输入‘环保　环境保护’；还有，在‘时间’一栏选择‘一年内’，在‘站内搜索’一栏输入咱们市政府的网址。这样检出的结果，与我们的检索需求应该就很符合了。”

陶然让出位置，以便华朵爸爸能够看清楚当前界面。华朵爸爸凑上前一看，满意地点点头：“不错不错，我知道的，都检索出来了。就是这些！”

然而，华朵爸爸刨根问底的劲儿又上来了。这不，话音刚落，他又指着屏幕问陶然：“这个第二栏又是干什么用的呢？‘包含完整关键词’？”

“哦，这个嘛，叔叔，我们先来试一下吧！”

陶然在"包含完整关键词"这一检索框中，输入"朗读者"三个字（图3-1）。在系统输出检索结果（图3-2）之后，陶然指着屏幕说："您看它最上方的检索框！系统自动给我刚才输入的三个字打上了双引号。"

"还真是的啊，怎么回事？"华朵爸爸不解地问道。

"刚才的检索，其实是一种**短语检索**或字符串检索。您可以在您平时最常用的百度的基本检索界面中再试一下。如果给输入的关键词打上双引号，构成字符串，那这个检索结果，应该与我们刚才执行的'包含完整关键词'这种检索的结果是完全相同的。"

华朵爸爸兴致勃勃地尝试了一下，发现的确如此。陶然也忍不住兴奋之情，继续说道："您再仔细看一下它的检索结果。用这种字符串来检索，它的检索结果中没有出现'朗读诗歌''读者文摘'这些无关内容，所以它是一种精准的检索方式。这和输入不带双引号的关键词的检索结果不一样吧？原因很简单。这是因为，计算机在执行短语检索时，是把引号中的关键词当作一个整体短语来搜索的，它能保证引号中的几个字严格相连，中间不会插入任何其他的字，顺序也不会颠倒。"

"嗯，这个好！哎，对了，这第四个框，就是那个'不包括关键词'的用法，你怎么不给我讲讲呢？"

"是这样的，叔叔。这个'逻辑非'啊，我就不推荐您使用了，因为目前的搜索引擎的检索效果还不是很好，所以很可能在使用'逻辑非'的时候把您需要的信息也排除在外。"

搜索设置　　**高级搜索**　　首页设置

| 搜索结果： | 包含全部关键词 | | 包含完整关键词 | 朗读者 |
| | 包含任意关键词 | | 不包括关键词 | |

时间：限定要搜索的网页的时间是　　　　一周内 ∨

文档格式：搜索网页格式是　　　　所有网页和文件 ∨

关键词位置：查询关键词位于　　　　● 网页任何地方　　○ 仅网页标题中　　○ 仅URL中

站内搜索：限定要搜索指定的网站是　　　　　　　　　　　　　例如：baidu.com

高级搜索

图 3-1　百度"高级搜索"中的短语检索

"朗读者"　　　　　　　　　　　　　　　　　　　　　📷　　百度一下

网页　新闻　贴吧　知道　音乐　图片　视频　地图　文库　更多»

一周内 ▾　　所有网页和文件 ▾　　站点内检索 ▾　　　　　　　　×清除

朗读者-在线观看-360影视

6天前 · 简介：《朗读者》是中央电视台推出的大型文化情感类节目,著名节目主持人董卿首次担当制作人,央视创造传媒有限公司、中广天择传媒股份有限公司承担制作,于中央电视台综合……
www.360kan.com/va/ZMAl... ▾ - 百度快照 · 35条评价

朗读者 第1季-综艺-腾讯视频

6天前 · 《朗读者》是中央电视台推出的大型文化情感类节目,由著名节目主持人董卿首次担当制作人,央视创造传媒有限公司承担制作,于中央电视台综合频道与综艺频道黄金时间联合播出……
v.qq.com/detail/5/554... ▾₃ - 百度快照

《朗读者》中那些打动人心的开场白,可曾触动你的心?-搜狐

6天前 · 朗读者已经播出了五期,每一期的开场都是如此的唯美,直达人心,下面让我们一起来看看这些唯美的开场语。《朗读者》第一期主题词——遇见节目卷首语:朗……
mt.sohu.com/20170324/n... ▾ - 百度快照 · 1630条评价

CCTV《朗读者》观后感800字

6天前 · 导语:趁着《中国诗词大会第二季》的余热还未散去,2月18日由董卿首次担任制作人的文化类节目《朗读者》,在央视一套、央视三套一经开播就引来了无数关注。下面是……
www.yuwenmi.com/guanho... ▾ - 百度快照 · 115条评价

图 3-2　百度"高级搜索"中的短语检索的结果

"哦哦，原来是这样啊，还是挺复杂的呢！那我以后自己去琢磨琢磨，感觉挺有意思的。对了，我们刚才本来在讲什么呢，怎么就讲到高级搜索了呢？"

"让我想一下哈！想起来了，叔叔，我们在讲获取新闻信息的方式呢！首先讲了第一种方式——浏览大型门户网站下的新闻专题，然后讲了第二种——利用搜索引擎检索自己想了解的新闻信息。"

"第三种就是直接到您喜欢的某种报纸的官网上进行电子阅读，这些网站一般都会提供即时的电子版本的报纸。第四种是在智能手机、iPad 等移动设备上，下载新闻 app，比如人民日报 app，今日头条 app 等。这类 app 上的新闻更新速度很快，方便您第一时间了解最新信息，而且它们一般都有信息推送功能，非常方便。"陶然边讲边给华朵爸爸演示。

"哦，我明白了！明白了！"华朵爸爸兴奋地说道。

"我这儿还有一种方式呢！"

"赶紧说来听听。"

"有一种叫 RSS 的阅读器，在设备中安装这种阅读器后，您可以从网站提供的新闻目录列表中选择自己感兴趣的内容进行**信息订阅**，然后这些内容就会按照您希望的格式、时间和方式，直接传送到您的电脑或移动终端上，非常方便。我手机中就安装了这个软件。"说着陶然便掏出手机给华朵爸爸介绍了一番。

"这个倒是挺新鲜的，我以后得试试，遇到问题还得向你请教啊！"

"包在我身上，叔叔您就不要客气了。"

"小陶啊，听了你的讲解后，我对获取新闻的方法有了更多的了解，你再给我说说贴吧是怎么回事，老是听你们年轻人说贴吧的事儿。"

"没有问题。贴吧是一种基于关键词的在线主题交流社区，让那些对同一个话题感兴趣的人们聚集在一起，方便展开交流和互相帮助。贴吧的组建依靠搜索引擎关键词，不论是大众话题还是小众话题，都能精准地聚集大批同好网友，他们展示自我风采，结交知音，贴吧以此搭建别具特色的'兴趣主题'互动平台，平台内容涵盖社会、地区、生活、教育、娱乐明星、游戏、体育、企业等方方面面。下面我就以百度贴吧为例，给您讲讲它的使用吧。"

"您首先要注册账号，并牢记账号与密码，登录之后就可以发贴、转贴和回贴了，而且还可以发表评论信息，与吧友进行**信息交流**。发帖内容包括文字、图片、视频、音频等形式，遇到问题可以咨询别人或查看帮助文件。"陶然把发贴、转贴、回贴等知识点详细地讲了一遍，然后还演示了一遍。

"这个虽然听起来不简单，但是操作起来也没有那么难嘛！"华朵爸爸跟着陶然的节奏操作了一遍后说，"我们继续进行下一个环节吧！"

"叔叔，我们得按计划行事，不能着急。您还得多多练习。再说时间也不早了，明天还得上班呢。"

"好吧，就听小陶的安排吧！"华朵爸爸显然忘记了时间。

知识加油站

导航网站

导航网站又称网址导航。是一个集合较多网址，并按照一定条件进行分类的一种网址站。

例如，hao123（https：//www.hao123.com）就是一个网址导航网站，是百度旗下产品。它是一个及时收录包括新闻、影视、游戏、小说、购物、旅游、社交、招聘、生活等各种热门分类的网站，可以为互联网用户提供比较简单便捷的网上导航服务。并与 hao123 还提供天气、股票、彩票、航班、路况、公交等上网常用服务的实用工具。

与 hao123 类似的提供上网导航的网站举例：

【2345 网址导航】https：//www.2345.com

【360 导航】https：//hao.360.cn

【搜狗网址导航】https：//123.sogou.com

若用户是一个刚刚接触互联网的新手，可利用这些导航网站为自己指路，通过查看其收录的各类网站的网址（类似分类好的书签），了解与熟悉互联网中的资源。因此，许多用户会将这类网站设为浏览器的首页，用户一打开浏览器，便可通过导航网站收录的各类网址进行各种网上活动。

知识加油站

除了以上综合性的导航网站，还有一些比较专门性的导航网站，例如收录了全国各地报纸网址的【报纸导航】http：//dx286.com/index. html，用户每日可通过该网址免费浏览全国各地报纸的电子版。

基本检索

基本检索是各检索系统（如搜索引擎）为用户提供的简单便捷的检索方法，一般位于检索系统首页最明显的位置（如百度首页的检索框），是用户常用的检索功能之一，又称为简单检索或快速检索。这种检索方法通常只提供最基本的检索功能，适用于对检索精确程度要求不高或对其他高级检索功能不熟悉的用户使用。

——柯平.信息检索与信息素养概论.2版.北京：高等教育出版社，2015.

高级检索

高级检索是检索工具用来实现对提问表达式的精确与深度构造的高级功能。一般多以搜索引擎检索技术应用、检索条件限定

知识加油站

和检索结果处理来体现高级检索的特点（包括但不限于布尔逻辑检索、截词检索、位置检索、字段检索、限制检索等技术。如果想进一步学习这些知识，可阅读信息检索类教材）。

——陈泉.网络信息检索与实践教程.北京：清华大学出版社，2013.

布尔检索

布尔检索又称布尔逻辑检索，指通过标准的布尔逻辑关系词（与、或、非）或运算符（AND、OR、NOT）来表达检索词（检索时输入的字、词或短语等）与检索词间逻辑关系的检索方法。布尔逻辑运算符的作用是把检索词连接起来，构成一个逻辑检索式。

布尔逻辑关系词"与"，也常用运算符 AND 表示（可写作"and"或者"*"），表明 AND 所连接的两个检索词必须同时出现在结果中才满足检索条件。例如，使用检索式"洪崖洞 AND 宽窄巷子"或者检索式"洪崖洞　与　宽窄巷子"，那么检索结果中就会同时含有这两个关键词。这与百度高级搜索中的"包含全部关键词"功能相对应。

布尔逻辑关系词"或"，也常用运算符 OR 表示（可写作"or"

或者"+"），表明 OR 连接的两个检索词中任意一个出现在结果中就算满足了检索条件。例如，使用检索式"洪崖洞 OR 宽窄巷子"或者检索式"洪崖洞　或　宽窄巷子"，那么检索结果中就至少会含有其中的一个关键词。这与百度高级搜索中的"包含任意关键词"功能相对应。

布尔逻辑关系词"非"，也常用运算符 NOT 表示(可写作"not"或者"-"），表明 NOT 后面的那个检索词一定不能在检索结果中出现。例如，使用检索式"洪崖洞 NOT 宽窄巷子"或者检索式"洪崖洞　非　宽窄巷子"，那么检索的结果就将含有"洪崖洞"而不会包含"宽窄巷子"。这与百度高级搜索中的"不包括关键词"功能相对应。

——夏立新，金燕，方志，等．信息检索原理与技术．北京：科学出版社，2009．

这里需说明的是，鉴于现阶段信息检索系统（特别是许多搜索引擎）还不够完善，所以在实际检索中，即使布尔逻辑检索式构造正确，检索结果也有可能达不到理论上的检索效果。

政府网站

政府网站是指各级人民政府及其部门、派出机构和承担行政

知识加油站

职能的事业单位在互联网上开办的，具备信息发布、解读回应、办事服务、互动交流等功能的网站。

县级以上各级人民政府、国务院部门原则上一个单位最多开设一个网站，乡镇、街道及县级政府部门应通过县级政府门户网站开展政务公开、提供政务服务，原则上不单独开设网站。

——国务院办公厅. 国务院办公厅关于印发政府网站发展指引的通知. http://www.gov.cn/zhengce/content/2017-06/08/content_5200760.htm.

短语检索

短语检索，是将短语用""（双引号）表示，以保证检索出与双引号里的内容形式完全相同的短语，从而提高检索的精度和准确度，因而又称"字符串检索""精确检索"。例如，想要检索"床前明月光"，用双引号引起这个短语后，检索出的结果就一定会满足这几个字必须严格相连的条件，中间不会插入任何其他的字，顺序也不颠倒，即完全与双引号里的内容一致。与百度"高级搜索"中的"包含以下的完整关键词"功能相对应。

——黄如花. 信息检索. 3版. 武汉：武汉大学出版社，2019.

知识加油站

信息订阅

信息订阅即订阅信息，亦为信息定制，指用户根据自己感兴趣的主题，在系统中事先指定某个主题类目，系统则按照用户的要求，将最新信息或将相关的信息定期地发送到用户的电子信箱，或直接发送到提供订阅服务的网站上。

——张静波.信息素养能力与教育.北京：科学出版社，2007.

信息交流

信息交流，指不同时间或不同空间上的认知主体（人或由人组成的机构、组织）之间相互交换信息的过程。具体而言，信息交流就是社会活动中的信息交流双方借助某种符号系统（如语言或文字、语音等），利用某种传播渠道（如电话或互联网），在不同时间和空间中实现的信息传输和交换行为。

——党跃武，谭祥金.信息管理导论.3版.北京：高等教育出版社，2015.

浏览新闻的报社网站举例：

【百度新闻】http：//news.baidu.com

【新浪新闻】https：//news.sina.com.cn

【腾讯新闻】https：//news.qq.com

【新华网】http：//www. xinhuanet. com

【人民网】http：//www. people. com. cn

【光明网】http：//www. gmw. cn

【中国日报网】http：//cn. chinadaily. com. cn

【联合早报】https：//www. zaobao. com

3

转眼已经到了五月中旬，天气越来越热了，这周末又突然升温至 36 度。华朵从床上懒洋洋地爬起来，看着窗外圆圆的大太阳，小声嘀咕着："幸亏这周不加班，又没有什么应酬，真真是极好的！"说罢慵懒地伸了伸腰，拿起手机，她想到昨晚高歌微信发来的珍稀蝴蝶标本的照片，欣喜之余还有一丝小郁闷。高歌被派到了黄山出差，大概两个月才能回来。自从上次蹦极之后，两人虽然经常微信视频，但还没线下见过面呢。想到这里，华朵一脸害羞，她原本想做一个职场女强人，现在却深深地沉浸在甜蜜的爱情中，满心期待高歌回来。回神过来，又不禁害羞起来。她忙下床，走向客厅。看着沙发上悠闲地喝着茶玩着手机的老爸，华朵才想起，这一个月陶然几乎天天都到家里，教爸爸与网络搜索相关的知识。

"爸，最近学得如何？都有一个多月了吧！陶然教得咋样？"华朵搂着爸爸的脖子问道。

"朵儿啊，你终于记起你老爸了！"华朵爸爸调侃道。

"我怎会忘记我亲爱的老爸呢，只是最近工作实在太忙了。"华朵有些无奈。

"陶然教得很不错的，他不仅给我讲，还会用手机或电脑给我演示，可认真了。老爸感觉自己有了很大的进步呢！对了，你妈妈有时也跟着一起听。她现在也快玩转网络了呢！"爸爸笑呵呵地说道。

"咚咚……咚咚……"屋外的敲门声打断了父女二人之间的对话。

"来了，请等一下。"华朵边说边走向了门口。"是王大爷啊，快请进。"华朵开门一瞅，见是拿着一把蒲扇的楼下邻居王大爷。

"华丫头，你也在家啊。今天周末，你们这些年轻人没有出去玩儿？"

"呵呵，我平时工作比较忙，所以周末难得可以在家休息一下。"

"哟！王大爷，来，来，快请坐。"爸爸闻声出来热情地道，"朵儿，去给王大爷泡壶茶吧。"

"好的。"华朵便转身进了厨房。

"老华，我今天来串门儿，主要是有问题想请教你一下。"王大爷期待地望着爸爸道。

"哦？什么问题？您说说看。"

"前段时间我老伴儿不是出意外，腿残了嘛！你也知道我家里的情况，唯一的女儿嫁去外地多年，一年也回来不了几次。前几天在医院听说政府对残疾人员有一定的临时救助和医疗救助，但需要办一些相关手续，这不就来请教一下你这个文化人嘛。"

"原来是这么回事儿，那王大娘现在有没有办理残疾证呢？"

"还没有，我一听说那个消息，就想着先找你打听打听。"

"您啊，这次还真找对了人。办理残疾证必须亲自去民政部门才行。但是，我们可以先在网上了解一下相关信息。不同证件的办理条件、办理流程以及办理部门会有所不同，在网上一般都能查到。按照网上提供的信息，准备好相关材料，对号入座才能少走弯路，提高办证效率。"

"那怎么查找与证件办理相关的信息呢？"王大爷急切地问道。

"王大爷、爸，喝茶，慢慢聊。爸，正好我也检验检验您的学习成果。"

"您跟我来。"华朵爸爸把王大爷领到电脑前，华朵也跟了进来。

"一般来说，负责证件办理的单位都是政府部门，所以首先考虑去所在地政府网站上进行查寻，"华朵爸爸说着，打开本市人民政府网，"您看，现在**电子政务**的发展日渐成熟了，这个'政府网上办事大厅'可以让民众足不出户办理相关事务，什么车管预约，婚姻预约，公积金查询，太多了……而且网站一般都会提供系统的使用指南与帮助说明，遇到问题的时候就可以依据这些文件来操作与办理。这是我最近学习上网的成果哦！"华朵爸爸边说边用电脑给王大爷演示。

"哦，还挺先进的嘛！以前我们办个证，总是缺这缺那的，材料准备不全，得跑个七八趟才能办下来。现在真是方便多了！"

华朵爸爸点开"办事服务"，网页上随即出现了各种服务栏目，有交通出行、教育领域、医疗卫生、社会保障、住房领域等。他的目光最后停留在"证件办理"一栏，一脸沮丧地说："户口登记，户口迁移，身份证，居住证，出入境婚姻登记，收养登记……唉，怎么没有残疾证办理呢？看来我的上网水平还是不够啊！"

"老爸，这很正常啊！查寻信息，通常都不是一蹴而就的啊，反复试错是家常便饭啦！如果在这个网站上查不到，那您可以试试咱市残联的官方网站啊。市残联官网上会不会有办理残疾证的相关信息？"在一旁看着的华朵安慰和提醒着爸爸。

"对哦，我忘记了还有残联呢！我来搜搜。"华朵爸爸快速在搜索框内敲入本地市残联的关键词。随之，市残疾人联合会网站便跃入屏幕，同时还伴有对网页内容及操作步骤的语音提示。听见电脑里突然传来的声音，他们几人都愣了一下，好一会儿才反应过来——原来这是专门为视障人士提供的语音服务。

"政府对弱势群体的关怀还真是细致入微啊！"带着新奇与感叹，华朵爸爸从上到下浏览着残联网站的主页，"快看，还有'无障碍版'呢！"

"老爸，打开看一下，是什么样子啊？"华朵边说，边迫不及待地抢过鼠标，打开了无障碍版，"哇，功能很多啊！可以放大或缩小页面，放大或缩小文字，设置背景颜色或文字颜色，可以设置成语音指读模式或全屏阅读模式，还可以设置阅读语速……真是不错啊！"

华朵像刘姥姥进大观园一样，这里点点，那里看看，发现了这个网站上的许多特色服务，譬如针对各类残障（肢体、视力、听力、言语、智力等）人士的"用品用具查询"栏目，还有"中国残疾人就业创业网络服务平台""帮您听图""手语图文教学""残疾人有声读物"……

"朵儿，你忘记正事儿了哟！你现在的这种表现，好像还有一个专门的词儿，叫什么……"

"叫'**信息迷航**'！"朵儿不好意思地回过头来，对着爸爸和王大爷说，"我让贤啦，老爸您来吧！"

在"互动服务—办事指南"栏目下，华朵爸爸很快找到了申请办理残疾人证的详尽介绍。反复读了两遍后，他们对申报程序还没有完全搞清楚。这时，华朵爸爸突然想起来了什么，说："朵儿，我刚才看见网站首页上有个热线电话号码，要不，我们打个热线电话问问看？"

"对啊，这是很便捷的方法呢！"

于是华朵爸爸回到残联网站首页，找到热线电话的号码"12385"，并拨打过去。听完华朵爸爸的咨询问题后，客服耐心地介绍道："办理残疾证，需要先到户口所在地的乡镇或街道残联提出申请，然后去网上指定的医院鉴定伤残情况。去街道残联提交申请时，需要带上这些材料……至于后面的初审啊什么的，你们先不用管。"

华朵爸爸把客服提供的重要信息记录在纸上，交给了王大爷："您呐，就带着这些材料去申请。残疾证办下来之后，也一定要妥善地保管好哦！如果不小心将证件遗失了，一定要及时补办，因为证件上一般会有自己的个人信息，如果被不法分子捡到就麻烦了。证件丢失会造成个人信息泄露，而且，一旦被坏人利用，还会对我们的财产甚至人身安全造成威胁。"

华朵听着爸爸啰唆的叮嘱，忍不住想笑，但王大爷却十分认真地回答："我记住了，老华！哦，对了，办好残疾证后，怎么申请社会救助呢？"

"这个应该在民政局的网站上能查到，"华朵爸爸又找到本市民政局网站上的"服务事项"页面，分别点开"医疗救助"和"临时救助"栏目，阅读了一会儿，然后兴奋地说，"您看，这里有《医疗救助办事指南》，还有市政府发布的《关于建立城乡困难群众临时救助制度的通知》。我大致浏览了一下，王大娘的情况有可能是符合救助条件的。"

"哦哦，那就太好了！这网络本事还不小呢，谢谢你！"

"不客气，邻里之间就应该互相帮助。您呐，在客厅和朵儿聊会儿天，我去把刚才看到的申请救助条件的信息打印出来给您，要不然您回家不也没法查嘛！几分钟就好，您稍等哈！"

"老华，太麻烦你了，多亏你想得周到啊！"

"王大爷您这边坐，您吃枇杷。"华朵给王大爷拿了几个枇杷递到他手上，"王大娘的腿好点了吗？一时间怕也是不太习惯吧。"

"哎，老了，身子不灵活了，僵得很。你大娘啊，这几天也能下地走动了，身体恢复得还不错。华丫头啊，你要好好照顾你爸妈的身体，他们呐，也老了，出门可要注意着些，你尽量陪着他们一起……"

"王大爷，关键信息都给您标注出来了。您就按我写的这些去准备材料就好。"华朵爸爸把两张 A4 纸递给了王大爷。

"好好好，就是上面黑笔圈的这几个材料吧？一天到晚地麻烦你们，真是不好意思啦！"

"您说哪里话，远亲不如近邻，不过是个相互照应罢了。"华朵扶着王大爷。

"好嘞，这话在理。你大娘一人在家，没人看着不行，老华啊，那我就先走了啊！"

在华朵爸爸的热心帮助下，没过多久，王大娘领到了残疾证，并成功申请到了救助金。

知识加油站

电子政务

电子政务，是政府利用信息化手段实现各类政府职能的重要手段。广义的电子政务是以下这三个组成部分的有机结合：一是政府部门内部的电子化和网络化办公；二是政府部门之间通过计算机网络进行信息共享和实时通信；三是政府部门通过网络与公众进行双向的信息交流。电子政务打破了时间、空间和部门分隔的制约，为社会公众和政府部门自身提供了一体化的高校、优质、廉洁的管理和服务。

——党跃武，谭祥金.信息管理导论.3版.北京：高等教育出版社，2015.

信息迷航

信息迷航，也称信息迷路，指用户在信息活动中位置感或方向感迷失的一种现象。多用于网络环境下，描述用户在查寻网络信息时被无关信息所吸引，不知自己身处何处，或者在信息浏览时因多次跳转而偏离搜索主题、迷失方向的情况。

网络环境下的信息迷航常与超链接相伴而生。超链接虽然具有支持人类联想思维的特点，但其过多的节点与复杂灵活的结构所引导的频繁跳转，会加重用户对信息的选择负担与记忆负担，易使用户丧失自己在网络中的位置感和方向感，从而出现迷路；多次跳转还可导致用户的查寻意图发生混乱，偏离查寻目标。

为减轻信息迷航可能带来的负面影响，需要注意克服兴趣过于泛化、注意不稳定、意志力薄弱等问题。

——中国大百科全书出版社.中国大百科全书（第三版网络版）情报学卷.https://www.zgbk.com/ecph/words?SiteID=1&ID=35487&Type=bkzyb&SubID=60792.

4

经过最近两个月的学习与自我摸索，华朵爸爸现在已经算是上网能手了，他在上网期间不时热切地与华朵妈妈分享其新发现的权威优质的新闻信息源，也带动了她学习上网看世界的兴致。

转眼间，华朵二叔家儿子晓晨的高考成绩出来了。这不，二叔及时给华朵家打来电话。一是报喜，二是想询问一下志愿填报的事。

"喂，大哥！……哦，是大嫂呀，您好！告诉您一个好消息，我家晓晨高考成绩出来啦，成绩还不错！"电话那头，二叔兴奋地说道。

"恭喜啊！那开始填志愿了吗？"华朵妈妈关心地问道。

"志愿系统还没开放，但是我和晓晨妈想早些准备。为这事儿犯愁呢！我和他妈对这个啥也不懂，也不能帮上他什么忙，晓晨他自己一个人又有些拿不定主意。这不就想着还有你们这一大家子文化人嘛，当初你家华朵也经历过，所以就想带着他来你们家讨个参谋。"

"好呀！当年华朵的志愿可是我和你哥一起商量的呢！只是

这两天你哥出差了，明天才回来。"华朵妈妈自信地说道，"她二叔，你让晓晨接一下电话，我来问问晓晨考了多少分，对哪些专业感兴趣。要知道，高考的志愿填报可以说是比高考成绩更加重要呢，因为专业很可能就是他一生都要从事的职业方向了，因此这个高考志愿的填报啊，可不是一下就能选好的。"

"大伯娘，我是理科，考了 606 分，我比较喜欢园林类的专业，要是能选个这方面的专业就好了，或者是其他工科类的专业吧。但是我对报哪所学校也不是很清楚，目前很迷茫。"晓晨在电话里答道。

"这样啊，那你们学校还统一发放了相关的报考资料吧？那些可是权威机构编写的，对志愿填报有重要参考价值的资料。"

"发了的。有《填报志愿指南》《招生计划汇编》。"

"那，晓晨，你明天带上报考资料啥的，来大伯家吧！我们帮你谋划谋划。"华朵妈妈又补充道。

第二天清早，二婶就带着晓晨过来了。

短暂的寒暄之后，闲话不多说，华朵妈妈就开始问起晓晨："资料带了吗？给大伯娘看一看。"

"我带过来了，"晓晨指着手上的《招生计划汇编》说，"最近两周我都在看这个书。这本书提供了今年各个大学在咱们市的招生指标，近几年的最高、最低录取分数等。"

"嗯……这两本书要结合起来看。好几年没看这些东西了，我先在网络上查一查相关的信息。"华朵妈妈一边听着晓晨的回答，一边拿出手机，按照最近这段时间在华朵爸爸那里学到的，打开百度 app，在搜索框中输入关键词本地市名，然后空格，再输入"高考志愿填报"，便得到了无数条检索结果。在进行初步的<u>相关性判断</u>之后，她选择了自己认为比较准确的检索结果并浏览了一会儿，然后感慨道："现在的志愿填报与以前已大有不同了，朵朵高考时，是估分填志愿，而现在早已是平行志愿了，志愿的填报模式、政策与以前也大有不同了啊！晓晨妈、晓晨，现在的高考志愿填报跟以前变化太大了，可能要先看看网络上的一些相关信息，这方面我也不是很擅长。华朵报考那年，也是我和你大伯一起想的，我一个人啊，还真的有点心虚。可能还是要等你大伯回来才行。再说，你大伯对网络可是比我熟悉多了！"

"什么事要我回来才行啊？"说曹操，曹操到，华朵爸爸刚开门进屋，就听到华朵妈妈提到他。

"你回来得正好，是晓晨高考填报志愿的事儿。快过来，我给你说……"华朵妈妈迫不及待地将情况告知华朵爸爸。

"这样啊，晓晨，那你现在有自己理想的学校与专业吗？要是自己有明确的目标的话，志愿填报就会简单得多。"华朵爸爸笑呵呵地问道。

"大伯，我目前对园林类或者是一些工科类的专业比较感兴趣，但具体报哪所学校，哪些专业方向，我还是不太清楚，拿不定主意。"

"走吧，我们去书房，先去网上看看今年高考志愿填报的相关信息。"

"好的。"说着晓晨便要跟着华朵爸爸进入书房。

"爸、妈,我回来了,二婶也在啊,晓晨,祝贺你啊,昨天听我妈说了,你这孩子平时看着闷不吭声的,原来是个小学霸呀!"

"朵儿今天怎么这么早回来啊!我看还没到下班的点啊。"华朵爸爸疑惑道。

"是我喊朵朵回来的。我呀,怕给晓晨报志愿的时候出什么差错,昨天特意让朵朵今天早点回来,也能当个参谋嘛!"华朵妈妈插嘴道。

"你呀,就是不相信我的能力。不过也好,朵儿,今天啊,你就在一旁看着,我讲得不对你再纠正。我得让你妈妈对我刮目相看!"华朵爸爸一副信心满满的样子。

"好的,老爸,我挺你!就晓晨报考志愿这事,其实我还专门咨询了刚进我们公司的实习生晓薇。不过,看老爸的样子,怕是不用我上阵了!"

"还是我女儿信任老爸,不过我讲得不对的地方,你也要指出来。这报志愿可不是小事,不能当儿戏。好啦好啦,我们要抓紧时间开始了。"

说罢,他们仨便一起进入书房。

"你们这代孩子,论上网,在网上看电视、玩游戏,比我们这些大人都熟,但是真要正确运用互联网来解决问题,还需要多学习才行,"华朵爸爸边说边看向晓晨,"查寻有关高考的信息,我们首先应该想到的是去相关权威机构的网站,也就是教育部门的官方网站。几乎每个省份都有教育考试院官网、招生信息网，上面会发布与各类考试相关的信息及招生简章。你看，咱们市的教育考试院网站，就涵盖了普通高考、研招考试、成人考试、自学考试、社会考试等各类考试的主题，你这个属于普通高考。看，这里有高考快讯、高考政策、考生须知、志愿填报……你看过没有？"

　　"大伯，我上过这个网站的。"

　　"另外，我记得新浪、腾讯这些网站的'教育'分类中，都有'高考'的专题信息。你看，对吧！在这些专题里，有很多专家发布了填报志愿的教程信息。咦！这里还有'适合专业测试''学校录取可能性测试'，我想这些功能对于你这种没有明确目标的孩子还是有一定参考性的，待会儿我们也可以试一试。"

　　"嗯嗯，这个好，"晓晨应和着，"对了，大伯，我这几天自己也上网查寻了一下，发现有几个网站也不错，例如阳光高考、中国教育在线等。"

　　"我看看……嗯，挺有针对性的，这里可以限定学科、专业、所在省份、年份、学校名称等条件来详细查寻历年某校在某省的招生分数线，可以跟你学校发的那本《招生计划汇编》互补嘛！这里还有专门供家长咨询的板块呢。对了，这些日子，电视里也常常有专家在讲志愿填报呢！我忘记是哪个台了，你可以去网上检索一下相关节目。"

华朵爸爸拿起杯子，喝了一口水，接着又说："我们先了解一下你的成绩在往年的录取情况，看看你可以上哪些大学。"接下来，他们一起认真分析了晓晨所在分数段的报考情况，发现晓晨的成绩可以报考的学校和专业有很多。

"这么多学校和专业啊！那我如何选择呢？"晓晨问道。

"可以通过软科版、校友会版、武书连版等中国大学排行榜查看这些大学在全国的排名情况以及专业排名等信息。"一直没说话的华朵忍不住插嘴道。

"嗯，你朵朵姐说得对，将这些信息进行比较，初步筛选出你心仪院校的大致范围。在初步选定院校范围后，再访问这些高校的官方网站，对这些学校的情况、专业、录取分数等进行详细查寻对比，以确定最终所要报考的高校。你朵朵姐工作忙。有什么问题，你也可以问我的'小师傅'陶然。"

"好的！朵朵姐、大伯，谢谢你们啦！"

"你这孩子，以后好好学习，努力成才。走吧，你大伯娘和你妈妈应该做好饭了，先去吃饭。这两天，我们可得好好选一选学校与专业，再让你朵朵姐给你分享一下在大学的学习经验。"

在志愿系统开放后，晓晨依据个人意愿和亲人们的建议，填报了几所心仪大学作为自己的志愿学校。幸运的是，他被第一志愿学校的风景园林专业录取了。

知识加油站

相关性判断

这里的相关性，特指信息检索或信息查寻中，信息对于用户（查寻者）需求的相关性。相关性判断主要指根据用户的信息需求，对信息集合中检出的文档与用户需求之间的一种匹配程度的判断。

相关性主要涉及三个方面：①与信息需求的匹配程度、新颖程度，以及对于具体用户的新颖程度；②对决策或其他特定活动的直接针对性，如信息内容或直接解决问题所需要的方法和技术等；③信息内容本身的准确性、完整性、易理解性、与其他相关知识融合的程度。

——党跃武，谭祥金. 信息管理导论. 3 版. 北京：高等教育出版社，2015.

查寻高考信息的网站举例：

【中国教育考试网】http：//www. neea. edu. cn

【新浪教育】http：//edu. sina. com. cn

【阳光高考】https：//gaokao. chsi. com. cn

【中国教育在线】http：//www. eol. cn

【学信网】https：//www. chsi. com. cn

5

晓晨填报志愿的事情尘埃落定之后，距开学还有两个多月的时间。二叔一家也搬到了市区，开始新的生活。二叔、二婶想着晓晨这孩子初高中也没住过校，都是在小县城里上的学，怕他去了大学不习惯。正好在假期里，他们想让晓晨在市区打工，锻炼锻炼。在与同学们疯玩几日后，晓晨也想好好利用假期做一份兼职，以证明自己可不是"小书呆子"。这天下午，晓晨专门来到大伯家，让大伯顺便帮忙寻一份简单的兼职。

"咚咚……"晓晨敲了敲书房的门。

"晓晨啊！什么事儿？"本在看电脑的华朵爸爸抬眼看向晓晨。

"大伯，开学还早，我想在市区找一份兼职，大伯觉得怎么样？"

"好呀！总算有点儿男子汉的担当了。你准备怎么找？"

"我准备先利用互联网找。但是我对找工作没有经验，所以还希望大伯多指点我一下。"

"呦，你这可把大伯问住了。你朵朵姐呀，工作的事情也是她自己找的。现在一些企业好像也都是在网络上发布兼职信息，大伯对这方面也不是很熟。这样吧，我把我的'小师傅'陶然叫过来，让他帮你想想。"

本来陶然还在想，总是以给华朵爸爸讲课为理由去华朵家，会不会不太合适。现在突然接到华朵爸爸的电话，陶然想着正好旁敲侧击地问问，没一小会儿便来到华朵家。

"叔叔找我什么事啊？"陶然一脸笑意地问道。

"小陶啊，华朵的堂弟晓晨呐，想让我帮他找一份假期工作。我对这方面没有经验，华朵上班又还没回来，只好喊你过来参谋参谋啊。"华朵爸爸拍着陶然肩膀说道。

陶然没看到华朵，心里是有点失望的，但是近水楼台先得月，先讨得叔叔的欢心吧。这样想着，陶然忙把心思收回来。

上网查寻求职信息

"找工作啊，这是我的强项啊。来，过来坐着吧，我们一起看看。"

"首先，我们就从hao123这种导航网站开始吧，看看它在招聘求职方面提供了哪些网站。"

"挺多的，有前程无忧、智联招聘、58同城……"

"嗯嗯，但是像高校人才网、应届生求职网、招聘会信息网这种网站，你暂时用不上，等你大学毕业时就应多关注这些网站了，到时你们学校的就业信息网也是你需多关注的。如果到时你有目标单位，你还应多上那些单位的官方网站看看。"

"记住了，嘿嘿，不过我现在还用不着。"

"那我们回到正题，使用这些比较知名的、正规的招聘网站对于我们找工作还是非常方便的，它们能帮助我们依据自己所需的工作城市、职位类别、公司类别、工资等这些具体要求，筛选出符合我们需的招聘信息。而且，这些网站中除了招聘信息外，还有许多与求职技巧相关的信息，例如简历制作技巧、面试技巧等，信息非常全面。因此，我们可以在这些网站中进行注册，然后查寻暑期兼职类的信息。"

"嗯，好的。"

华朵爸爸在旁边不时地点点头，心想，陶然这小伙子真是让人喜欢呐！年轻人，有技术，还这么有耐心，不多见。我呀，该让他和朵儿多接触接触，没准就是我女婿啦。抱着这样的想法，华朵爸爸又看着陶然笑了笑，却不想正好迎着陶然的目光，为避免尴尬，华朵爸爸忙插嘴道："不过这些分类齐全的招聘信息，虽然为许多找工作的人提供了便利，但是，其中也存在不少虚假信息，甚至诈骗信息，有的甚至以高薪为诱饵。前几天，我还看了个报道，也是像你这样的高中毕业生，在网络上找暑假工，应聘时被无良的工作单位索要了'建档费''工作信息卡费'等，遭遇了各种骗取钱财的事儿，因此我们也要当心些。在通过中介公司应聘时，首先，要注意查看招聘单位的营业执照及经营范围，确认招聘单位的正规性。其次，要注意招聘单位的地点、电话、负责人等详细信息，必要时可以通过打电话与实地走访形式进行核实。小陶，是不是也可以利用搜索引擎直接查寻一下如何辨别网络招聘中的虚假信息呢？"

"懂了，那些诈骗的人肯定是看准了我们这种没有经验、又急于找到工作的学生来行骗的。"

"就是那样！而且在网络上求职还要注意**信息安全**，对自己的一些私人信息进行相应的保护，比如不要在网站上透露家庭详细住址，只需留下个人电话、电子邮件以及自己的大概位置，以防被一些不法分子钻空利用。另外，辨别网络招聘中的虚假信息，有很多种方法。最简单的就是选择正规的招聘网站，并在招聘企业的官网查询是否有岗位需求。一般除了在招聘网站发布信息，企业也会在官网详细叙述岗位要求。若是心仪这个企业，多方面接触准没错的。"

"嗯嗯，陶然哥哥讲得好清楚，我要以你为榜样，好好利用网络，谢谢陶然哥哥！"晓晨一脸钦佩状。

"好了，走吧，今天你大伯娘和朵朵姐都不在，大伯带你和陶然哥哥去外面吃一顿，我们两个小徒弟好好感谢陶然这个'大师傅'，回来我们再细看。"

在陶然的帮助下，晓晨找了一份家教的工作，辅导初中英语。对这份工作，晓晨热情高涨，充满干劲，顺利地完成了自己的第一份工作。

知识加油站

信息安全

在我国《信息安全产业"十二五"发展规划》中，信息安全被定义为：保护信息、信息系统和网络的安全以避免未授权的访问、使用、泄露、破坏、修改或者销毁，以确保信息与信息系统的完整性、保密性和可用性。

在当今网络社会，信息安全开始更多地关注于网络安全、网络空间安全领域。

💡 信息安全、网络安全、网络空间安全的关系辨析

较之军事、政治和外交的传统安全而言，信息安全、网络安全、网络空间安全均属于非传统安全领域，是进入 20 世纪末特别是 21 世纪初以来人类所共同面临的日益突出的安全问题。三者既有互相交叉的部分，也有各自独特的部分。

从字面上看，信息安全所反映的安全问题基于"信息"，网络安全所反映的安全问题基于"网络"，网络空间安全所反映的安全问题基于"空间"，这正是三者的不同点。

信息安全不仅包括存在于信息系统或网络空间的信息，也包括更广泛意义上的物理空间信息，比如通过传统纸质载体存储、

知识加油站

传播的信息，以及非网络环境下的国家秘密、商业秘密和个人隐私保护领域等。

网络安全是基于互联网的发展以及网络社会到来所面临的信息安全新挑战所提出的概念，用于指称网络所带来的各类安全问题，其侧重点是线上安全和网络社会安全。（参见"子女育教篇"第 5 节的知识点"网络安全"。）

网络空间安全基于人们对全球五大空间的新认知，更注重空间和全球的范畴，特指与陆域、海域、空域、太空并列的全球五大空间中的网络空间安全问题，具有军事性质。

——郑彦宁，化柏林.数据、信息、知识与情报转化关系的探讨.情报理论与实践，2011（7）.

查寻招聘求职信息的网站举例：

【智联招聘】https：//www.zhaopin.com

【前程无忧】https：//www.51job.com

【赶集直招】https：//www.ganji.com

【boss 直聘】https：//www.zhipin.com

【猎聘网】https：//www.liepin.com

【应届生求职网】http：//www.yingjiesheng.com

6

　　七月底，正是华朵家乡一年中最热的时节。新的政务咨询与投诉系统刚刚上线，华朵爸爸的单位就启动了员工培训。在半个多月的培训中，华朵爸爸又拿出了年轻时的干劲，勤于钻研，遇到不懂的毫不含糊，虚心向培训老师请教。当然，他在"笨鸟先飞"期间提前掌握的基本技能十分管用，这些技能帮助他迅速掌握了政务信息系统的基本功能，以至于单位里的年轻人都对他刮目相看。

　　培训已近尾声，华朵爸爸却越学越有兴趣，越学越有信心。这天，在课间休息时，他还拉着培训老师咨询问题。碰巧这一日，分管环保的副区长来局里调研，他听说局里在搞培训，便在局长陪同下来到了培训室里。

　　华朵爸爸与老师交流得正起劲，竟一时没有发觉身后的领导，还是在培训老师的提醒下，这才注意到。

　　"老华呀，学得怎么样？"副区长笑着向华朵爸爸问道。

　　"还不错啊，只是没有他们年轻人学得快！"华朵爸爸谦虚地答道。

　　"那就好！由于政府部门时常要接到群众的问题咨询与投

诉，所以这个新上线的**信息系统**算是我们工作的网上拓展，是我们工作的新领地。刚才听你们局长说，有同志反映这个系统自带的使用说明太生硬，语言晦涩，不好理解，你有没有这种感觉呢？"

"区长，您这样一说，我还真是觉得有一些问题呢！"

"那，老华，你能不能组织综合办公室的同志，会同公司的系统开发人员，一起把使用说明修改一下呢？要从民众使用的角度去改。"局长也不失时机地提出了工作任务。

"没有问题。"华朵爸爸自信地答应了，随后又补充说道，"对了，还有就是，我最近上网频繁，才发现，有的网站的贴吧里经常出现有悖**信息伦理**的贴子，包括带有诽谤性、攻击性、煽动性的贴子，还有人肉搜索，侵犯了他人的隐私。因此，我还想结合《文明上网自律公约》《信息网络传播权保护条例》等，理出一些条规放在网站上，规范一下市民们的咨询与投诉行为。"

"这个想法的确很好。培养网民的信息伦理道德，很有必要！"副区长点头称道。

"是的，真的很有必要。应该让网民明白，网络不是法外之地，浏览网上信息时要注意甄别，保持理性判断，即使是在一些只有少量成员的 QQ 群、微信群等交流群中，也不要瞎起哄评论，要以官方发布信息为准，自觉做到不造谣、不信谣、不传谣，共建文明和谐的网络环境啊。此外，我们有时候遇到网络不良和垃圾信息，也应该有主动举报的公民意识，拨打 12321 政务服务热线进行举报。"

"呵呵，看来老华在这方面觉悟很高啊！"局长也相当认同华朵爸爸的观点，并继续道，"在公司组织或个人在提供网络服务、使用网络服务这方面，国家肯定是有相关明文法律法规的，现在我就当场考考你，你知道主要是哪个机构在负责这项工作吗？"

"嘿嘿，领导，您这可考不倒我。"华朵爸爸自信一笑，"当然是咱们的国家互联网信息办公室与中央网络安全和信息化委员会办公室，这是一个机构两块牌子。它的网站（http：//www.cac.gov.cn/）中就有一个专门的'政策法规'模块，我可是特地研究了的。"

"哈哈哈，你俩呀……"副区长在旁边看热闹，看得不亦乐乎。

获得了领导的首肯，华朵爸爸与同事们加班加点，在原有使用说明的基础上，结合本部门工作特点对其进行了详细介绍，添加了很多细致贴心的操作步骤，也补充了相应的信息伦理规范。初步完稿之后，他们又修改了好多遍，并听取了陶然、华朵妈妈、华朵等多方意见，才最终完成定稿。

仅仅几个月时间，自己的网络操作技能就有了突飞猛进的变化，这让华朵爸爸欣喜不已，信心倍增。"看来啊，活到老学到老这话真是没错，几近耳顺之年的我就是最好的例证。"华朵爸爸在心里对自己这样说。

知识加油站

信息系统

广义上说，任何系统中信息流动的总和均可称为信息系统。信息系统即是根据一定需要进行信息接收、选择、处理、存储、传递等活动而涉及的所有因素的综合体，如生命信息系统、企业信息系统、文献信息系统等。信息技术的进步使以计算机为基础的信息系统获得了迅速发展，并已深入社会管理活动的每一个角落。因此，现代信息系统概念多指狭义的，即基于计算机和通信技术等现代化信息技术手段之上的、集组织的各种信息流为一体并为组织管理提供信息服务的系统。

——岳剑波 . 信息管理基础 . 北京：清华大学出版社，1999.

例如，本篇中的"政务咨询与投诉系统"便是一个信息系统；日常生活中，在商场或超市里，收银员通过计算机操作进行商品结算，实质上也是通过一个信息系统来完成的。

信息伦理

信息论理，又称"信息道德"，它以"善"为目标，依靠人们的信念、习惯、传统、舆论和教育等非国家强制力手段，来引导、规范与调节人们在信息生产、传播、利用和管理等信息活动中的

知识加油站

相关行为。

——叶鹰.信息检索：理论与方法.2版.北京：高等教育出版社，2015.

伦理的作用范围比法律要广。法律主要对非法行为进行调节，而伦理调节的是所有的不道德的行为。伦理能调节的，法律不一定能调节。例如，对于提供虚假信息的行为，如果情节轻微，尚不构成法律上的犯罪的话，就可以通过社会舆论对这种不道德行为进行谴责。

——党跃武，谭祥金.信息管理导论.3版.北京：高等教育出版社，2015.

国家互联网信息办公室：

中华人民共和国国家互联网信息办公室成立于2011年5月，其主要职责包括：

（一）落实互联网信息传播方针政策和推动互联网信息传播法制建设；

（二）指导、协调、督促有关部门加强互联网信息内容管理；

（三）负责网络新闻业务及其他相关业务的审批和日常监管；

（四）指导有关部门做好网络游戏、网络视听、网络出版等网络文化领域业务布局规划；

（五）协调有关部门做好网络文化阵地建设的规划和实施工作；

（六）负责重点新闻网站的规划建设；

（七）组织、协调网上宣传工作；

（八）依法查处违法违规网站；

（九）指导有关部门督促电信运营企业、接入服务企业、域名注册管理和服务机构等做好域名注册、互联网地址（IP地址）分配、网站登记备案、接入等互联网基础管理工作；

（十）在职责范围内指导各地互联网有关部门开展工作。

——国家互联网信息办.国家互联网信息办公室.http://www.cac.gov.cn/2014-08/01/c_1111903999.htm.

2018年3月，国发〔2018〕6号《国务院关于机构设置的通知》发布其中指出：国家互联网信息办公室与中央网络安全和信息化委员会办公室，一个机构两块牌子，列入中共中央直属机构序列。

休闲娱乐篇

1

"磴……磴……磴……"

高跟鞋清脆地敲打着公司大厅光滑的大理石地面，那声音分明在告诉别人，华朵度过了一个开心的周末。与此同时，在耳边，华朵仿佛又听到了熟悉的声音："春天的麦芽酿成秋天的酒啊，摇曳的烛光闪烁……"脑海里浮现出高歌童心大发地哼唱这首歌时摇头晃脑的样子。她暗自甩了甩脑袋，想把那歌声甩出脑海，把视线收回到公司前台小妹的脸上，但那歌声却越来越响亮。

"怎么这么晚才接电话，在搞什么啊？"

华朵拿出手机刚按下接听键，电话里就传来闺密杨帆的抱怨。看着手机屏幕上有着一头乌黑长发，明眸轻笑，绝对够清新、够文艺的萌妹子照片，怎么也无法将它与电话那头不停抱怨的女子联系起来。华朵忍不住在心里把高歌骂了一遍，"这家伙哼什么歌不好非要哼这首歌，让我老是脑补他那哼歌的模样，走神得厉害，没有及时接到电话，害得我被闺密抱怨，真是个冤家"。

"没什么，亲爱的大作家，其实我正想给你打电话呢。"为了掩饰心中的那份小羞涩，华朵一改往日的狂妄蛮横，对杨帆的语气不自觉温柔了几分，"这个周末一起逛街、吃饭？听说有好多好看的电影上映，有时间没？鄙人请客！"

"大小姐，不网购啦？莫非升职啦？"杨帆诧异道。

"别问为什么，姐有钱，任性！"华朵突然大笑起来，嘴里像含着口香糖似的慢悠悠地加了一句，"见面告诉你啦！"

电话那头的杨帆微微觉得华朵跟以往有点不一样，沉思片刻后："好呀！在周末之前，小的一定会将电影票订购好，大餐就靠你啦。"

"看什么电影呢？"放下电话，杨帆嘴里叼着笔头，手里拿着一杯牛奶，耳朵里塞着"小喇叭"，眼镜框耷拉在鼻子上，一边嘀咕着，一边返回自己的卧室。走进门，一张桌子、一台电脑、一盆白鹤芋安静地站在桌边简易的书架上，淡蓝色的床铺整整齐齐地摆在床上，整个房间井然有序，完全跟人们心中所想象的网络作家不一样。也就是在这个不足 20 平方米的地方，杨帆在 5 年内完成了超 500 万字的小说，这里可以看作她文学的"象牙塔"。

杨帆关闭了起点中文网主页，推了推眼镜，顺手打开了猫眼电影客户端，将首页定位在了步行街附近，浏览起这个周末要上映的热门电影，然后分别查看了评分最高的几部影片的影讯、影评、高清预告、故事背景等信息，最后视线被一张风格构图极致瑰丽、大鱼越水而过的海报所吸引——它的评分竟然有 8.0。点开这部名为《大鱼海棠》的电影的网页，对于影评"《大鱼海棠》电影历时 12 年精心制作，乃是国产动画的良心巨作"，杨帆甚是好奇，遂将奇幻动画电影《大鱼海棠》通过微信平台推荐给网购达人华朵，两人一拍即合。杨帆随即选定了二人常去的影院，选座后便提交了订单，并使用优惠券进行了在线支付。两人约好明日中午一起美餐一顿，下午再一同看电影。

猫眼电影：

　　美团旗下一家集影音娱乐、在线购票、用户互动社交、电影衍生品销售等服务于一体的一站式电影互联网平台。2012 年 2 月由美团网推出，原名"美团电影"。

　　其他的电影在线票务平台还有淘票票、时光网等。

2

　　一家韩式烤肉店门口有一块写满粉色的娃娃体字的广告牌，上面写着："进店女士打五折，赠送小玩偶一个。"门店里面，实木质感的餐桌和餐椅，有一种回归自然、舒适祥和的温馨感。最里面靠窗边上，两位美女刚坐下。

　　"帅哥，你们店里的 Wi-Fi 密码换了吗？还是 6 个 6 吗？"短发姑娘朝着一名服务员大喊。

　　"没有换，姐，还是 liugeliu，您看看是不是输错了？"

　　"没错啊，要不你来给我输。"服务员快速地输入"liugeliu"，随即将手机递给了华朵。

　　华朵愣愣地看着服务员低喃道："不带这样欺负人的啊。"

　　华朵刚接过手机，几条微信留言就跳了出来。"明天周末有什么安排吗？"一直以来的线上联系，让华朵明白了高歌这是想约自己一起出去玩呢！华朵快速地敲着按键，脸上浮现出傻傻呆呆的笑，早已把杨帆忘在脑后。

　　"呵呵，原来如此，"杨帆在华朵背后死死地盯着华朵的手机，露出诡异的笑容，"说吧，老实招了吧！"

"上次鄙人邀你去蹦极，你吓得说什么都不去，鄙人只好自己去了，那叫一个刺激啊。在途中……"华朵幸福地沉浸在那天的回忆中。

"呵呵，原来如此，真是有缘千里来相会，赶明儿我一定要把你这段写进我的小说中。名字就叫《闺密历险偶遇记》。"

"别闹啦，说真的，你觉得靠谱不，昨天他出差回来，约我下周看电影，你说，我要不要去？"

"原来如此！有没有照片，让我先看一下。"

"我把那天用手机拍的照，顺手上传到了我的百度**网盘**里面，我马上登录看看，"说着，华朵便已经用手机进入她的百度网盘，在左上角"分类"的"图片"里根据蹦极的日期找到了那天的照片，"可惜啊，没有他照片！"

"嗯，只有你一个人的照片。不过，相识即是有缘，有缘就要把握。要不我陪你，顺便给你把把关？"

"嗯嗯，"华朵不住地点头，"话说你上次介绍给我的网盘功能真心不错，容量大，又不用携带。"

"那当然，也不看是谁介绍的！网盘对于你这种经常丢U盘、落手机的人来说再好不过了。不过你真的该提高一下你的**个人信息管理**能力了，你经常抱怨找不到所需的文件之类的，你说你都不做一下组织与分类的工作，怎么能从n个文档中轻易找到你想要的文件嘛。"

"嘿嘿，是！是！是！"华朵讨好地答道。

"还有，你刚刚在大街上填问卷，人家让你填手机号和住址，你就填了，那种一看就不太正规，你就没有一点儿防止个人信息泄露的意识，万一被一些不法分子利用了怎么办！一定要注意保护个人隐私哟！还好，我刚刚将你拉走了。"

"知道啦，我的小姑奶奶。"杨帆无意中低头看了一眼手表，"啊！离电影开始只有 15 分钟了，快走，快走！"

知识加油站

网盘

　　网盘又称网络 U 盘、网络硬盘，是一种在线存储服务，可以实现远程的文件存储、访问、备份、共享等功能。拥有网盘的用户，不管人在哪里，只要能连接到互联网，就可以管理、编辑网盘里的文件，十分方便。

　　——孙德新.计算机应用基础实用教程.2 版.北京：清华大学出版社，2014.

　　国内较为常见的网盘有：百度网盘、微云（腾讯）、联想网盘、天翼云盘，等等。

个人信息管理

　　个人信息管理指个人借助现代信息技术，结合自身使用习

知识加油站

惯，对支持个人工作和生活的信息（如文档、电子邮件、书签等）进行搜集、存储、组织、维护、提取、检索与使用的活动。它可以帮助个人有效地整合信息资源，减轻记忆负担，提升工作效率。

个人信息管理的内容本由网络信息资源管理、文件档案管理、人际交往信息管理和个人时间管理四个部分组成。网络信息资源管理包括网站及网页内容的链接、分类管理、网络工具（如搜索引擎）、网络空间（如网络硬盘、QQ空间）；文件档案管理包括工作日记、工作总结、读书笔记以及收集的音频、视频、文章等；人际信息管理包括书信、联系人通讯录、个性特点、电子邮件等；个人时间管理包括个人备忘录、日志提醒等。

——柯平，高洁.信息管理概论.2版.北京：科学出版社，2007.

网盘的使用技巧（以百度网盘为例）：

1.账号登录：百度、QQ、新浪微博和微信账号均可关联登录，也可使用手机短信快捷登录。

2.硬盘容量：主要与不同级别的会员权益相对应，如超级会员的空间容量是 5TB，备份套餐会员的空间容量是 3TB，娱乐套餐和工作套餐会员的空间容量是 1TB。

3.文件上传和下载：点击本地上传，可上传不同类型的文件（图片、文档、视频、BT、音乐、其他）且文件自动归到不同的类目下面；选择网盘中所需的文件，下载到本地在线设备（电脑、手机等）中。

4.离线下载：只需提交下载地址和种子文件，就可通过百度网盘服务器下载文件至个人网盘。

5.好友分享：将生成的链接通过网盘、QQ、新浪微博和微信等途径分享给他人，分享时可设置提取密码实现加密分享。

6.闪电互传：无须 Wi-Fi、流量，在两台移动设备（如手机、iPad）上即可实现。

7.数据共享：数据存储在云端，无须数据线，支持 Web、PC、Android、iPhone 等多个平台共享，随意存储、随意访问。

8.手机自动备份：照片、通讯录、短信等自动备份，节省手机内存，并且也不用再担心找不到以前删除的短信、照片。

9.其他功能：音视频倍速播放、追踪被盗手机位置、电脑接收未接来电及短信、远程推送文件到在线设备（电脑、手机等）等。

个人信息管理软件推荐：

网络信息资源管理：百度网盘、印象笔记（EverNote）、有道云笔记；

文件档案管理：WPS office、myBase；

人际交往信息管理：网易邮箱、名片全能王、QQ 同步助手；

个人时间管理：Microsoft To-Do、微约日历、滴答清单、Any. DO。

防止个人信息泄露的注意事项：

1. 非正规场合不在陌生人发放的问卷上填写重要的个人隐私信息（手机号、姓名、身份证号、邮箱、住址等）。

2. 不贪占小便宜，无论是在网上还是在街头，都不要因免费小礼品等而随意留下自己的联系方式，也不要随意扫二维码。

3. 不要随意丢弃快递单据、火车票和飞机票，在丢弃之前最好将其撕毁或焚毁。

4. 在打印店打印后快速删除自己的打印文件，尤其是在打印个人简历后。

5. 在正规的网站上浏览信息，尤其是网上支付时，一定要确保网站的安全性和无病毒性。

6. 不轻易打开陌生人发来的邮件、链接等，以避免泄露自己登录重要网站的账号和密码。

　　熙熙攘攘的人群，成双入对的情侣，爆米花的浓浓香味，络绎不绝的入场队伍，都在发出今天是周末的信号。杨帆风一样地冲到猫眼电影自助取票处，快速将手机对准屏幕上的二维码，"嗖"的一下，两张票就到了杨帆手中。她转身拉起华朵就向 6 号厅奔去，刚一坐下，《大鱼海棠》就开始放映了。

　　"朵，这是陈奕迅的新歌吗？歌名是什么？太好听了！"杨帆尽量压低音量。

　　"我也不知道，最近太忙，没怎么听歌。我查一下这首歌曲吧。"杨帆在手机上打开她最喜欢的音乐软件 QQ 音乐 app 的首页，点击检索框前面的语音输入的话筒图标，便进入到**听歌识曲**功能的界面，只听到"滴滴"两声，软件就识别出了电影中正在播放的歌曲，"找到啦，叫《在这个世界相遇》。"

　　同时，华朵采用传统的检索方法，打开手机的搜索引擎，在搜索框中输入关键词"大鱼海棠　主题曲"，歌曲《在这个世界相遇》的相关信息就迅速出现了，包括它的不同版本、歌手信息、专辑信息、歌单信息、MV、主播电台。

"我也找到啦。唉！说到音乐，真是越来越有**信息商品**的属性了。你最近发现没有啊，不少网络音乐网站里面的歌曲，现在都要付费才能下载了呢！以前可都是免费下载的。"

"啊？真收费了呀！前段时间这事儿就炒得火热。不过从另一方面来说，这也是尊重网络音乐<u>著作权</u>的一种体现嘛！大众只有认可知识劳动成果，才会有付费购买的意愿，就跟我写的小说要向读者收费、观众要为电影买单一样。为了听好音乐呀，花钱也值！这样形成的有酬机制才能更好地激励我们进行作品创造与传播嘛。"

"确实是这样，现在越来越多的信息商品需要付费使用，比如网络音频（音乐、有声读物等）、网络视频（电影、电视剧等）、网络游戏……"华朵掰着手指细数道。

"哎！不说了，先看电影吧。"

两人全神贯注地看完了这部一小时四十分钟的电影。

"帆，影片中的那个鲲，好萌啊，真不错，回头我要买个公仔放在床边。"

"嗯嗯，我也想买

< **电影演出**　　找影片、影院、影人、演出、资讯

还有电影正版精选周边同款

个同款手机壳，应该不用回去买，现在就可以买的。"杨帆一边说，一边打开了猫眼电影客户端，快速锁定《大鱼海棠》电影信息页面，在"媒体库"下面，一款白色的迷你鲲公仔醒目地出现在"大鱼海棠正版精选周边"栏目中，还有钥匙扣、手机壳等系列产品。

"那现在就网购啊！快点儿……"在华朵的催促下，杨帆点击了"快速抢购"。华朵熟练地填写完收货信息，用支付宝付了45元。一对小姐妹就这样一路讨论着，随着人群走出了电影院，互相拥抱告别后就各自坐上了回家的公交车。

知识加油站

听歌识曲

听歌识曲是目前许多在线音乐 app（如酷狗音乐、QQ 音乐，甚至微信中的"听一听"等）都具有的一项功能，能够实时地识别、检索出周围环境中所播放、哼唱的歌曲，并反馈出该歌曲的相关曲目信息，如歌曲所在专辑名称、歌曲名称、歌手等信息。听歌识曲实际上是一种**基于内容的音频信息检索**。

知识加油站

基于内容的音频信息检索

音频主要有三种类型，即语音（如人们的谈话，经过识别可以转化为文本），音乐（人类创作的，具有节奏、旋律、和声等要素，可用乐谱来表示），波形声音（除音乐以外的其他非语音声音形式，如脚步声、雨声、鸟叫等）。

基于内容的音频信息检索是根据音频的时间属性、声学特征（如音强、基音、音调、节奏、事件、乐器标识、人的语音等）等进行特征提取和逻辑转换，并形成音频特征库来用于检索。根据音频的三种类型，基于内容的音频信息检索也可分为相应的三种类型音频信息检索，但核心主要都是一种相似音频检索，即检索出与用户指定的要求非常相似的所有的声音及相关的文本。

——祁延莉，赵丹群 . 信息检索概论 . 2 版 . 北京：北京大学出版社，2013.

信息商品

广义的信息商品泛指可供市场交换的一切信息产品和服务。狭义的信息商品仅限于信息服务业中各种可供市场交换的产品与服务，并不包括广义信息产业（参见"旅游出行篇"第 4 节

知识加油站

的知识点"信息产业")中的计算机、通信网络、邮政等信息技术和基础设施类的产品和服务。严格地说,任何一种进入市场的物质商品,都凝结有一定的信息成分,在一定的条件下都有可能转换为信息商品。但是,一种商品到底是作为物质商品还是信息商品进入市场,主要取决于该商品相对于用户,物质和信息两种成分的比重如何。

——党跃武,谭祥金.信息管理导论.3版.北京:高等教育出版社,2015.

著作权

著作权,即版权,是知识产权(参见"健康养生篇"第4节知识点"知识产权")的一种。著作权是指作者或其他著作权人依法对文学、艺术或科学作品所享有的各项专有权利的总称。

——朱庆华,颜祥林,袁勤俭.信息法学教程.2版.北京:高等教育出版社,2011.

依法享有著作权的作品类型(如文字作品、口述作品、音乐艺术作品等)以及著作权包括的人身权和财产权权利类型(如发表权、署名权和复制权等)具体详见《中华人民共和国著作权法》(2020年11月11日修正版)。

查寻音乐的网站举例:

综合类:

【千千音乐】https：//music.91q.com

【酷狗音乐】http：//www.kugou.com

【网易云音乐】https：//music.163.com

【QQ 音乐】https：//y.qq.com

【咪咕音乐】https：//music.migu.cn

在这些综合类网站中，千千音乐提供海量正版高品质音乐、权威音乐榜单、新歌速递及人性化搜索等功能；酷狗音乐以"蝰蛇音效"为特色，并进行优秀音乐人孵化计划；网易云音乐更注重音乐的社交化，评论交流氛围比较浓厚；QQ 音乐拥有版权的歌曲相对较多，它与腾讯网各个平台结合紧密；咪咕音乐则侧重于彩铃音乐定制方面。

专业类:

DJ 音乐网:

【DJ 音乐】https：//www.dj.net/

【清风 DJ 网】http：//www.vvvdj.com

MV 欣赏网:

【音悦网】https：//www.yinyuetai.com

翻唱 K 歌网：

【全民 K 歌】https：//kg. qq. com

【中国原创音乐基地】http：//5sing. kugou. com

【唱吧】http：//changba. com

乐器曲艺网：

【古曲网】http：//www. guqu. net

【搜谱】http：//www. sooopu. com

【虫虫吉他】http：//www. ccguitar. cn

4

公交车上，杨帆像往常一样浏览豆瓣 app。豆瓣 app 是一个以信息评论和信息推送为主的社区平台，也是一个**信息推荐系统**。凡是在上面注册了的用户，都可以在上面自由发表有关书籍、电影和音乐的评论。杨帆浏览着《大鱼海棠》的影评信息：

"虽然画面制作得很唯美，但是我对剧情略失望……"

"总体来看，这部电影还是一部佳作，我们要多给国漫一些时间嘛，起码画面还是令我惊艳的。导演将这部作品精心打磨了十二年，最终给观众交出了一份不错的答卷……"

"真是的，要是剧情再细心创作一下，我还是愿意二刷这部中国风的电影的。"

"国漫还是有很多进步空间的……"

最后，杨帆打开了"写影评"对电影进行打分，并留下自己看过此电影的"脚印"，点击"豆列"进行了分类收藏。

突然，一条来自华朵的微信消息从手机的系统通知栏跳了出来："帆，是不是又在逛豆瓣呢？"

"咦？你在我身上装了监控？"杨帆迅速地回了一条消息。

"嘿嘿，只能说本姑娘神机妙算。话说回来，点评类网站有很多，你怎么就对豆瓣情有独钟呢？"

"嗯……点评类网站确实有很多，而且这类网站都比较擅长在海量用户的信息行为中进行**数据挖掘**，核心用户群一般都具有良好的教育背景，大多数是大学生、都市青年和白领，浏览不同人群的评论信息，可以让自己对某种产品或服务有深入的了解，然后快速地选择出自己需要的信息。因此诞生了许多能满足用户信息需求的推荐信息。"

"是啊，那些推荐信息挺个性化的，确实挺有用的。"华朵非常赞同地回应。

"在这些点评网站中，我觉得最有特色的还是豆瓣。它提供书影音推荐、线下同城活动、小组话题交流等多种服务功能，更像是一个集品位系统、表达系统和交流系统于一体的网络服务平台。我每天都徜徉在豆瓣的海洋中，总是能发现很多令我感兴趣的人、事、书籍、音乐和电影等，这些信息也为我的写作提供了不少素材。"

"好吧，我懂了。先不和你说了，我到家啦！你待会儿到了，也记得给我报个平安哦。"

"嗯。"杨帆嘴角勾起一抹微笑，并迅速地回了消息，"记得啦！"

知识加油站

信息推荐系统

信息推荐系统是一种基于"信息推送"服务模式的信息服务系统。在分析预测用户需求的基础上主动推送其可能需要但又无法获取的有用信息，并通过研究用户行为、兴趣和环境等，为用户推荐更具针对性的信息，即实现信息的"按需定制服务"。（参见"购物消费篇"第 1 节的知识点"信息推送"。）

——曾子明. 信息推荐系统. 北京：科学出版社，2013.

例如，在淘宝、京东等网站中，由于新商品会不断推出，这些购物网站便会根据用户的历史购物数据、浏览数据等，主动向用户提供其可能有意愿购买的商品信息，以增加购物交易达成的可能性。

数据挖掘

数据挖掘是指从大量的、不完全的、模糊的、随机的数据中，提取隐含在其中的、人们事先不知道的但又是潜在有用的信息和知识的过程。与之相近的概念有知识发现（KDD）、数据分析等。

数据挖掘本质上是一类深层次的数据分析方法。与传统的数据分析（如查询、报表、在线分析处理）不同的是，数据挖掘是在没有明确假设的前提下去挖掘信息、发现知识。数据挖掘所得到的信息应具有先前未知、有效和实用三个特征。

知识加油站

数据挖掘技术是在 20 世纪 90 年代末发展自文件系统、结构化查询语言（SQL）、数据仓库、在线分析处理的一门新技术，是一门广义的交叉学科，汇集了数据库、人工智能、数理统计、可视化、模式识别、机器学习、并行计算机等多方面的技术，并与多个学科领域有所关联。

——余波. 现代信息分析与预测. 北京: 北京理工大学出版社，2011.

（参见"新闻民生篇"第 1 节的知识点"大数据"。）

点评类网站举例：

综合类：豆瓣

人物类：环球人物网、南方人物周刊

生活类：大众点评

旅游类：猫途鹰

其他：中文业界资讯站（新闻点评）

5

"朵朵，我们单位张阿姨的女儿比你小三岁，人家春节就要结婚了，你要再不找男朋友，我就安排你相亲！"华朵妈妈气喘吁吁地走进家门，随即大声地呼喊华朵。

张阿姨是华朵妈妈的同事，平时就喜欢拿女儿和华朵比较。今天白天，她又特意给华朵妈妈说，自己的女儿已经定下亲事，准女婿是市医院医生，博士学位，家里有房有车，条件非常好。受刺激的华朵妈妈，一进门，便忍不住催促华朵。

"阿姨，朵朵还没下班，她今晚加班！"

"小陶啊，你也抓紧点，别一有空就跑来陪朵朵爸这个老头子，把大好时光用在他身上，朵朵爸像你这么大的时候早就把我追到手了，你们这些孩子啊……"

"还好啦，爱情不是曹操，说来就来的啦，是不是，阿姨？"陶然对华朵妈妈眨了一下眼。

"对啊对啊，赶明儿阿姨给你介绍个女朋友。"华朵妈妈说。陶然觉得这一家人一点也不了解自己的心思，不禁感到些许失望。

"年轻人嘛，想法观点和我们那时候的不一样了，你就多给他们一些时间。不过朵儿那丫头就知道上班，对婚姻大事一点也不上心，这也实在不像话！对了，你怎么回来这么晚，不是 5 点就下班了吗？"正在沙发上看报纸的华朵爸爸瞟了一眼妈妈。

"老华，我和你讲，我妈每次打电话来都要说起华朵的婚姻大事，好像只有我们做长辈的着急，华朵是一点也没放心上。我和单位的小刘一起报了个瑜伽班，想舒缓一下最近的焦虑情绪。你说华朵一点也不着急，我反而每天焦虑，到底是我找对象，还是她找？"

听了华朵妈妈的话，陶然内心狂喜却不露声色，接下来只要搞定华朵妈妈就可以了。"阿姨，其实您也可以在家练瑜伽的，网上有很多视频资源，我们完全可以查寻，视频讲得也很清楚，上次我看到一个播视网就挺不错的，不仅有很多瑜伽视频，还有许多其他引领健康生活方式的视频。"

"真的吗？你给我详细介绍一下吧。"

"没问题！"陶然一边等华朵，一边给华朵妈妈介绍起瑜伽视频的获取方式。作为一名网络游戏高手，陶然快速地在浏览器地址栏里输入 https：//www. bilibili.com/（也可直接通过搜索引擎输入"bilibili"、"哔哩哔哩"或"B 站"），进入 B 站后便在其首页的搜索框中输入关键词"瑜伽"。各种有关瑜伽的视频有序地出现在了华朵妈妈的眼前。陶然随便打开了一个视频，视频刚播了一分钟，华朵妈妈突然就睁大了眼睛。

"这个和老师教我的一模一样，感觉比我老师做得都好。"华朵妈妈惊讶地对陶然说道。

"阿姨，别急！还有好多相关的视频呢，您看！"陶然一边说，一边打开了页面上的另一个瑜伽视频。

"阿姨，初级教程是入门的，您可以先练这些简单的，也可以收藏、下载下来，用手机观看，但是要先注册一下，如果入门动作练得很好了，就可以多研究点新的招式，然后录制视频并上传到这个网站上，说不定您就成了瑜伽界的网络红人啦！"陶然眨着眼睛笑嘻嘻地说着。

"得了吧，阿姨才不喜欢出名呢！只想锻炼一下身体！小陶，谢谢你！"

"还好啦！我喜欢在网上看电影、看游戏直播，所以经常要查寻视频。网上有很多资源。"陶然说着说着，就把自己熟知的视频网站分门别类地给华朵妈妈记在了电脑桌面新建的一个 word 文档中。"阿姨，我现在将我熟悉的一些视频网站记在了这个文档中，您只要按住键盘里的'Ctrl'，再用鼠标点击链接就可快速进入。当然，您也可以通过 hao123 之类的导航网站，从那里直接进入它推荐的视频网站，非常简单。"

"好，好！你啊，做事考虑得真全面。"

"在这些视频网站里面，不仅有'电视剧''电影''综艺''体育''娱乐''资讯''教育''直播'等各种各样的视频，您进行关键词检索后，大多还可以按照视频的时长、（网站）来源、发布日期、画质（或清晰度）、是否付费等标准对检索结果进行筛选。"陶然边说，边进入了百度视频页面。

"还可以这样啊！这样找起视频来，真方便。"

"这有什么，还有更方便的呢！还有一种**基于内容的视频信息检索**方式，那才棒呢！比如我们可以上传一段有关百合花开放全过程的视频或者一张百合花开放的图片，视频数据库就会对此视频或图片进行内容特征提取，并进行匹配查寻，从而获取与此相关的视频。目前提供这种功能的服务一般需要订购付费，如百度 AI 开放平台中的'视频对比检索'服务。"

"唉！那些就不是阿姨我能弄懂的了。总之，今天真谢谢你了。你一会儿就在我家吃饭吧，阿姨的厨艺，不是自夸，可是得到华朵外婆的亲传哦。等会儿做好吃的，好好回报你一下。"华朵妈妈拍着陶然的肩膀邀请道。

"嗯嗯，好呀！"陶然习惯性地眨了眨眼，并高兴地答应了。

知识加油站

基于内容的视频信息检索

基于内容的视频信息检索，是一种新的信息检索技术，对视频中的场景、片段进行分析和特征提取，并基于这些特征进行相似性匹配。基于内容的视频检索既能向用户提供基于颜色、纹理、形状及运动特征等视觉信息的检索，又能提供基于高级语义信息的检索，具有在镜头、场景、情节等不同层次上进行检索的功能，能满足用户给予例子和特征描述的检索要求。

——王知津. 信息存储与检索. 北京：机械工业出版社，2009.

更多可查寻视频的网站：

【优酷网】https：//www. youku. com

【腾讯视频】https：//v. qq. com

【乐视网】http：//www. le. com

【爱奇艺】https：//www. iqiyi. com

【央视网】https：//www. cctv. com

【搜狐视频】https：//tv. sohu. com

6

"请帮我包起来。"陶然直接拿起那顶标价 400 元的帽子对导购员说。

"陶然，你现在脑子正常吗？你确定你要买这个帽子送给你小表妹？不就是她的生日礼物吗？"华朵直接愣住了。要知道，这家伙平时连吃一个冰激淋都要从五块钱一个还价到六块钱三个，这次他不但没有还价，刷卡的时候眼睛居然一下都没眨。今天这行为真是太不可思议了。

要不是老爸催促着，要她多出去走走，她才懒得出门逛街呢。今天正好陶然请她帮忙选购表妹的生日礼物，华朵就这样被父母"赶"了出来。本来想要和她这蓝颜知己说说高歌的事情，可她却被眼前这个"土豪陶"的阵势唬得忘记了初衷。

陶然没理她，又拿起一条标价 600 的丝巾递给导购员："还有这个，一起包起来！"

"我的天啊！陶然你这是中 500 万了吧，第一次见你这么痛快地'放血'！"

陶然拿好服务员包好的东西，丢给华朵一个含糖量有十个加号的微笑，说："华朵，你记不记得我曾经给你说过我的一个愿望？"

"你的愿望，不一直是成为游戏顶级高手，打败天下无敌手？"

"哈哈，猜对了！"陶然突然凑近华朵，"快恭喜我吧，8月16号我要代表本市参加中国赛区的电子竞技游戏比赛，和其他选手一起争夺中国赛区的冠军，然后代表中国走向世界。哥这个愿望很快就要实现了！"

华朵推开陶然，上下打量着他，喷了一句："大白天，做什么梦啊！"

"才没有，不信你去贴吧和论坛里逛一逛吧，那里面提供了很多这方面的信息，中国电子竞技的比赛目前被炒得沸沸扬扬的。"

华朵瞥了一眼陶然，不屑地说道："本姑娘只喜欢网购，其他概不关心。再说了，在贴吧、论坛上发表、浏览杂论的人非常多，虽然时不时地能够看到很多有趣好玩的东西，但纷繁复杂的信息，容易让人产生焦虑情绪，感到无所适从。我记得还有个挺形象的词来形容的，叫'信息超载'。所以喽，为了控制我每天信息的接收量，防止接收太多冗余信息，避免信息超载，我才没兴趣看你说的论坛呢。"

听完华朵的话，陶然的心顿时碎了一地，原本想着把买的那条丝巾送华朵的，可是华朵的态度让他不禁有种预感，似乎这个从小玩到大的人竟对他没有一点升华感情的意思。

"陶然，你先回家吧，有人约我看电影，我可能晚点再回。"华朵看完短信，还没等陶然回话，忽然，就风一样地离开了。陶然目送华朵远去的背影，呆呆地矗立了很久。

影院门口，身穿白色的休闲上衣，配一条棕色休闲裤和一双白色运动鞋，左手戴着一块黑色镜面的手表，全身散发着青春气息的男士正焦急地看着迎面驶来的每一辆公交车。

"华朵，这边！"高歌大声地呼喊着刚从公交车下来的身穿浅蓝色连衣裙的高挑短发美女。虽然在微信聊了那么久，彼此的感觉也心照不宣，但这久违的重逢让两人看着彼此还是有点紧张。暧昧的气息将两人包围，只是一个眼神，双方就心领神会。两人相视一笑，肩并肩走入了影院。

知识加油站

论坛（BBS）

论坛即电子布告栏系统（Bulletin Board System），是因特网上的一种信息服务系统。是以网络为媒介的发贴、回贴、讨论的数字平台。具有很强的开放性与交互性，用户在 BBS 站点上可以发布信息，也可讨论互动。

知识加油站

信息超载

信息超载也称"信息过载"，指个人所接受的信息超过其处理能力或使用需求的一种状态。

例如，面对从搜索引擎中检出的成千上万条检索结果，我们常常会感到无法从中迅速而准确地获取自己所需要的信息；同样，面对微信朋友圈里的众多信息，我们也往往会觉得眼花缭乱，无法一一细细品读。

信息超载可能影响用户的信息获取与利用效率，浪费时间、精力与财力，还可能导致紧张、焦虑心理的产生等。

——中国大百科全书出版社.中国大百科全书（第三版网络版）情报学卷.https://www.zgbk.com/ecph/words?SiteID=1&ID=35487&Type=bkzyb&SubID=60792.

冗余信息

将信息按照其使用价值进行分类，可分为有用信息和冗余信息。因此，冗余信息是与有用信息相对的概念，包括错误信息、无用信息、重复信息等。

——党跃武，谭祥金.信息管理导论.3版.北京：高等教育出版社，2015.

论坛举例：

生活中常用的论坛有：猫扑社区、天涯社区、搜狐论坛、凤凰论坛、网易论坛、新浪论坛、强国论坛等。许多机构还有自己内部的论坛，如高校的论坛：清华大学的水木清华、南京大学的小百合。

避免信息超载的方法：

1.使用合理的查寻策略，以提高信息获取的准确性与针对性，避免接收过多的冗余信息。建议加强信息检索课程的学习。

2.培养信息鉴别与筛选能力。去伪存真，果断抛弃垃圾信息，这需要一定的网络实践经验才能做到。

3.不断培养自我管理能力和心理调节能力。在查寻自己所需信息的过程中，不要分散注意力，不在无关的信息上浪费太多的时间。

社交通信篇

1

尽管曾经在荧屏上看过了无数男女主角初次约会看电影的桥段，华朵在脑海中也为自己设想过各种剧情，但是当有一天那个人真的出现在面前，善于言辞的华朵却也找不到适合的词汇描绘自己的感受，只觉得是一段美妙、令人怦然心动的时光。尽管两人相识时间不长，但彼此共同语言之多出乎华朵意料，每次见面仿佛都是一场久违的约会，特别是经过这次电影约会后，两人觉得彼此虽是新友却更胜故知。

"朵朵……华朵！"华朵妈妈看着饭桌旁的女儿。华朵嘴里咬着筷子，也不继续夹菜吃饭，不知道在想着什么。

"嗯？妈，什么事儿？"华朵被妈妈的点名震回了神儿。

"什么事儿？看来我刚刚问的话你都没有听见是吧。"华朵妈妈心塞地看着茫然的女儿，也放下了碗筷。

"你妈妈又在问你最近有没有找到男朋友？"华朵爸爸适时地出声提醒，无奈地看着华朵妈妈。

"嗯……没有！妈，您女儿正值青春年华呢，您不用这么心急。"华朵想了想，为稳妥起见，华朵决定暂时不把与高歌恋爱的事说出来。华朵知道妈妈、外婆等家人为了自己的终身大事已

"不择手段"，同时付出了相当大的**信息成本**，亲戚、朋友、同事圈子几乎都成了华妈妈重要的消息来源和打探的渠道。华朵着实"被体验"了一次"可怜天下父母心，每逢佳节被相亲"的感觉。

"就是，我们再养闺女几年也好！"华朵爸爸小声地附和。

"好什么好！你闺女已经不小了。"华朵妈妈恼怒地瞪了瞪爸爸，然后转向华朵继续说，"是这样的，前天妈妈的同事，就是你以前见过的钱阿姨，她说她邻居家的儿子还是单身，叫李承，据说还是一名情报学专业的在读研究生。你这周末去见见呗。"

"情报学？没怎么听说过，都研究什么呢？搞间谍的吗？'情报'这词听上去挺吓人的啊！"华朵见招拆招地应对。

"不是间谍，虽然一开始我也有过这样的疑惑，但我已经向你钱阿姨打听清楚了。李承和你钱阿姨的儿子是发小，他本科的专业是信息管理与信息系统，研究生专业是情报学。听说，和情报学相近的还有图书馆学、档案学。"华朵妈妈为了促成这门亲事，早已把这些术语背得滚瓜烂熟，介绍得头头是道。

"应该是比较冷门的专业吧，我以前的同学没有学这个的，不过这几个专业的名字还真是有意思。"华朵看着爸爸默默地拿出手机，便问道，"爸爸，你在用手机查这个专业的情况吗？"

"嗯，刚刚用搜索引擎输入'情报学'检索了一下。这个情报学算是一个新兴的、横断性的交叉学科，至今仍处于发展完善当中。《中国大百科全书》是这样介绍的：情报学是研究情报产生、构成、获取、转换的规律，采用现代信息技术对其进行加工、组织、检索、传输并实现有效利用的学科。它帮助人们充分利用信息技术和手段，提高情报生产、加工、贮存、流通、利用的效率。原来不是我们想的军事谍报啊，名字只是个称呼而已，存在即合理嘛！至于你妈妈刚才说的与情报学相近的图书馆学、档案学，我在一个关于学科分类与代码简表中都看到了，而且这个简表还是一个国家标准呢，你看这里，它叫 GB/T 13745—2009。简表将这三个学科的关系展示得很清楚，它们三个是并列的二级学科，都属于'**图书馆·情报与文献学**'这个一级学科。你看嘛，**图书馆学**、**文献学**、**情报学**、**档案学**……**博物馆学**也在里面呢！"华朵爸爸饶有兴趣地慢慢品读。

看见爸爸如此沉浸其中，华朵也忍不住拿起手机搜索并浏览起来，"老爸，您看，我在教育部网站中看到了《研究生教育学科专业目录（2022）》和《新增博士硕士学位授权审核申请基本条件》两个文件，我发现'管理学'这个学科门类下，有个一级学科叫'信息资源管理'，包括图书馆学、情报学、档案学、数据管理与数据科学、信息分析、数字人文、公共文化管理、出版管理、古籍保护与文献学、健康信息学、保密管理等二级学科呢。哦，明白了，我妈说的那个李承，以后毕业拿的应该是管理学博士学位。"

"朵儿，我们两个查到的，还不完全一样啊！"

"您查到的那个表，与科技管理相关。我这个，与人才培养相关，比如研究生考试，就是按这个目录填报学科专业。所以，它们不完全相同。但无论怎样，看起来，图书馆学、情报学这些学科呢，与我们熟悉的经济学、计算机科学技术这些学科相比，算比较冷僻的，不过你们看，网友们写得很清楚哦——'图书、

<u>档案</u>等<u>文献</u>在社会中都是比较重要的信息资源，图书馆、信息中心、档案馆等信息管理机构对社会中各种信息进行<u>信息组织</u>，使<u>无序信息</u>转换成有序信息，从而帮助人们有效地获取和利用所需信息'。"

"那这么说来，我们平时在电脑、手机上查找信息，是不是就与情报学专业相关哟？专业人员负责把信息组织好，我们就方便查找信息了。如果是这样的话，那这个专业还真有它的价值呢。"华朵妈妈看着女儿有兴趣，忙插嘴道。

"应该有关吧，但是，还有计算机网络技术这些专业人员的功劳。"华朵轻描淡写地将话题引向别处。

"不过话说回来，我觉着一个年轻人靠谱不靠谱，不在于他是不是大学生、研究生，更不在于他学的专业，主要看他有没有上进心，只要肯奋进，就是好孩子。"华朵爸爸看出这母女俩的针锋相对，缓和地说道。

"说的是呢，不管什么年头，肯吃苦的孩子总是让人放心些。所以关于那孩子为人做事方面的情况，我也打听清楚了，"华朵妈妈仍然不放弃，"那孩子家境优渥，但是为人敦厚不张扬，年年拿奖学金，我觉得挺靠谱的。所以，这周末的见面……"华妈妈用充满期待的眼神望着女儿。

"老妈……你就再给我一点时间嘛，您也知道，缘分这东西，也讲究个水到渠成。况且您就这么担心我'人老珠黄'嘛！虽然这李承各方面条件是不错，但是女儿还是更愿意相信机缘巧合下的相逢，而不是刻意安排的相亲。"华朵望向兴致勃勃的妈妈，无奈地说道。

看着眉清目秀的女儿，华朵妈妈也心软下来，自己的女儿这么漂亮，条件也十分优秀，或许真的是姻缘不到吧，勉强不来。"算啦，儿孙自有儿孙福，只是妈妈希望你能够上点心，遇见合适的、不错的男孩子，就领回家让我和你爸看看。"

华朵点点头，撒娇地说："我遗传了老妈这么好的基因，怎么会找不到一段好姻缘，我还想多陪在二老身旁，伺候你们呢！"

"唉，你这个傻女儿啊，妈妈最大的幸福就是你过得好好的。"妈妈说得一家三口眼中都噙满泪花。

"嗯嗯。"华朵点点头，随后一手搂着爸爸，一手搭在妈妈肩上，幸福地笑了。

华朵虽然就这样推掉了妈妈介绍的相亲，可是她忘记了还有外婆这个关键的人物呢。

知识加油站

信息成本

信息就像其他商品一样有成本，获取信息是要付出代价的。信息成本主要由以下几种成本构成：信息教育投入成本（如计算

知识加油站

机、信息处理、信息存储和检索等技术的学习）、信息固定成本（如通信系统、计算机、数据库等的购置）、信息的注意力购买成本（如产品需要借助广告来进行宣传，以吸引人们的注意力）、信息获得成本（如自己或者委托他人进行搜索、获取和分析信息时付出的成本）。

——邱均平，沙勇忠，等．信息资源管理学．北京：科学出版社，2011．

本书中的信息成本，主要指信息获得成本，即用户为获得所需信息而付出的各种代价，如财物、时间等。

图书馆·情报与文献学

学科名称。收录于国家标准《学科分类与代码》（GB/T 13745—2009）中。该标准适用于国家宏观管理和科技统计，共设 62 个一级学科或学科群。"图书馆·情报与文献学"（代码 870）是其中的一个一级学科。该一级学科下的二级学科主要包括**图书馆学**、**文献学**、**情报学**、**档案学**、**博物馆学**等。

知识加油站

图书馆学

图书馆学是研究图书馆收集、加工、整理、保藏、控制图书与一定社会读者利用藏书之矛盾产生与发展规律的科学。

——黄宗忠.图书馆学导论.武汉：武汉大学出版社，2013.

文献学

文献学是以文献和文献发展规律为研究对象的一门科学。研究内容包括：文献的特点、功能、类型、生产和分布、发展规律、文献整理方法及文献与文献学发展历史等。

——中国大百科全书出版社编辑部.中国大百科全书（图书馆学、情报学、档案学）.北京：中国大百科全书出版社，1993.

情报学

情报学是专门研究情报的构成和基本特性，以及研究情报交流所有过程（包括情报的生产、组织、传递以及情报的吸收利用）的规律性的学科。具体来说，情报学是研究有关情报的生产、搜集、

知识加油站

整理、存贮、检索、报道服务和分析研究的原理原则与方式方法的学科。

——严怡民．情报学概论．修订版．武汉：武汉大学出版社，2000.

（参见"旅游出行篇"第 1 节的知识点"情报"。）

档案学

档案学是研究档案、档案工作、档案事业和档案学科产生、形成及发展规律的一门科学。

——朱玉媛．档案学基础．武汉：武汉大学出版社，2008.

博物馆学

博物馆学是研究博物馆的性质、特征、社会功能、实现方法、组织管理和博物馆事业发展规律的科学。博物馆的藏品、科研、陈列、观众、建筑、组织管理、人才培养等各项工作及其相互关系都是博物馆学的重点研究范畴。

——姜涛，俄军．博物馆学概论．兰州：兰州大学出版社，2014.

知识加油站

档案

    档案是社会组织或个人在社会实践活动中直接形成的具有清晰、确定的原始记录作用的固化信息。

    为较全面地认识档案，人们往往是同时从多种角度、采用多种不同方法对档案进行种类认识。常见的如：①公务档案与私人档案。公务档案的具体实存形态主要是过去的公务文书，如法律、法规、行政公文等，它们主要被各级各类档案机构收藏；私人档案的实存形态主要是日记、文稿、账单、票据、笔记、信函等私人文书，散存于私人手中。②文书档案、科技档案与专门档案。这是中国档案界及社会上应用最为普遍的三个档案种类概念。而且它们并不是一次划分的结果，而是人们自然而然地逐渐形成的三个概念，所以其逻辑上的划分标准并非很一致、很严格。文书档案实际上是指行政管理档案，即在社会的行政管理活动中由各种行政性或政治性公文（如请示、批复、决定、决议、法规、法律等）转化而成的档案。科技档案是指人们在科技、生产活动中形成的由纯业务性的科技文件材料转化而成的档案，如图纸、设计任务书、科研报告等。专门档案是指除文书档案和科技档案之外的，所有在专门活动中形成的档案，如会计档案、人事档案、诉讼档案、医院的病历档案、婚姻登记和工商注册登记

知识加油站

档案等。

——冯惠玲. 档案学概论. 2 版. 北京：中国人民大学出版社，
2006.

文献

文献是记录有知识的一切载体。

文献的类型多种多样，按不同标准划分有不同的类型。如，
按照载体材料，可分为纸质型文献（包括手写、打印、印刷型文献，
如手稿、复印资料、纸质图书报刊等）、缩微型文献（如缩微胶
卷、缩微卡片）、机读型文献（如磁带、磁盘、光盘等）、声像
型文献（如唱片、录音带、录像带）；按照出版形式，可分为图
书、期刊、报纸、特种文献（政府出版物、学位论文、科技报告、
专利文献、技术标准文献、档案、会议文献、产品样本）等。

还值得一提的是，同一种文献在编辑、传抄、刊刻、装订、
传播过程中所形成的各种形态的文本，就是我们所谓的"**版本**"。

版本

《辞海》（1999 年缩印本）中的版本指"一书经过多次传

知识加油站

 社交通信篇

写或印刷而形成的多种不同本子，其内涵包括书籍制作的各种特征，如书写或印刷的形式、年代、版次、字体、行款、纸墨、装订、内容的增删修改，以及一书在其流传过程中所形成的记录，如藏书印记、题识、批校等。"简单来说，不同的版本，即"内容大致相同、但本子不同"。

版本一词，起源于唐代中期雕版印书之后，那时人们常把写抄本的书称为"本"，把雕版印的书称为"板"或"版"。"版""本"二字连用以及"版本"一词的正式出现，开始见于宋代文献。当时的"版本"，基本上是专指雕版印刷而成的书籍。随着历史的发展，印刷技术日益完善，版本的含义也在不断扩展。我们现今所说的"版本"，不仅包括各种写本、抄本、稿本，以及它以前的竹木简、缣帛、卷子和它以后的雕刻本、活字本，还包括近现代的铅活字本、影印本，甚至现代化的缩微胶卷、平片、电子出版物等。

——刘青松.中国古典文献学概要.长沙：湖南大学出版社，2002.

信息组织

信息组织又叫信息整序或信息序化，是指根据一定的规则和

知识加油站

方法，通过对信息的内容特征（如信息的学科类别、主题等）和形式特征（如信息的题名、作者、生产时间等）的揭示与描述，将无序的信息转换为有序的信息集合，从而保证用户有效获取与利用信息。

信息组织一般由专门的信息管理机构来完成。譬如，图书馆的编目工作，主要就是对众多无序的图书、期刊等文献进行信息组织，即按每种文献的内容或形式分别给出分类号、主题词、索书号等，同时还按照索书号对文献进行有序排架，这样，无论是在书库，还是在阅览室，书刊都被组织成了有序的信息集合。与此同时，图书馆员还要按照一定的规则，把反映文献特征的数据（分类号、主题词、题名、作者、索书号等）输入到图书馆书目检索系统（OPAC）中，形成专门的数据库。通过这个检索系统，读者便能方便快捷地从分类、主题、题名、作者等不同**检索途径**（参见"子女育教篇"第 4 节的知识点"检索途径"）都可以检索到自己所需要的文献。

与 OPAC 中的信息组织相似，CNKI（中国知网）、超星电子图书等**数据库**（参见"子女育教篇"第 3 节的知识点"数据库"）都是经过信息组织后的有序信息集合。

知识加油站

 信息组织与信息检索的关系

信息组织的目的，是根据用户的检索利用需求，建立起有序化的信息资源收藏系统或检索系统，因而它是信息检索的基础。而信息检索则是根据信息需求，从检索系统中检出信息的过程，因此，它是信息组织的反向过程。

二者密切联系。只有对无序的信息进行有序化的信息组织，才可能保证用户能够利用这个序化后的信息检索系统进行检索查找；要能使得信息组织取得好的效果，又必须了解用户在检索时可能出现的需求与使用特征。可见，图书馆等信息管理机构的工作还真不简单。

无序信息

无序信息包含两个方面的无序，一个方面是信息个体单元无序，即组成信息的各个语言要素（如字、词、句、段落等）处于一种杂乱无章的状态，或组成信息的各个内容要素（如观点、认识、推理等）处于一种矛盾或错误的状态，或组成信息的各个载体要素（如书籍等）处于一种零散错位的状态。另一个方面是信息集合无序，即不同信息个体（来自不同学科、不同作者、不同出版

知识加油站

社的各种图书）处于彼此毫无关联的自流状态，不能有效地被准确快速地查寻到，从而不能充分实现其价值。

——党跃武，谭祥金.信息管理导论.3版.北京：高等教育出版社，2015.

图书馆、信息中心、档案馆等信息管理机构所进行的信息整序（信息组织）工作，主要针对前述第二个方面的无序信息而进行。

2

父母那关算是过了，可令华朵没想到的是，对于自己的终身大事，外婆的关心程度比起父母是有过之而无不及。在排练广场舞的间隙，她不断向姐妹们打听相亲信息，跟老姐妹交流烹饪心得时更是不忘夸奖、推介外孙女。

外婆是一名退休的幼儿园教师，平时在家没事儿就喜欢研究美食烹饪，跳广场舞。功夫不负有心人，一天，外婆在闲聊时听到一个重要信息：城南公园每逢周末有一个专门的相亲角，单身男女的父母会带着自家子女的照片等资料为子女物色合适的对象。

"老姐姐，你怎么不早说这事呀，我也是的，一着急呀乱投医，

帮外孙女找个男友就看相亲角啦

征友贴

寻找一名优质男生

×××.

相亲角

社交方式不止一种
找到适合自己的方式才是最重要的

向谁都打听。看来这打听消息呀，真得选对人，不能盲目。选对人，事半功倍；选错了就事倍功半！"外婆欣喜之余开始反思自己寻找信息策略的失误。

"华朵外婆，这个地儿值得你去，去那儿的人都是些为人父母的。他们诚挚地替儿女相亲，场面相当大，那里的消息多，找到的信息比较全，关键是真实，想找到符合要求的外孙女婿的机会也大嘛。"提供信息的老奶奶严肃认真地说。

"好，我这个周末肯定要去看一看的。"

华朵外婆满怀期待地盼望着的周末，很快就到来了。

"你家儿女目前在哪儿工作啊？"

"你儿子的月薪多少？"

"我儿子长得可俊了，为人又老实听话。你家闺女我看着也挺满意的，我们给他们约个时间见一见？"

"……"

各种嘈杂的交流声一下子便涌入了华朵外婆的耳中。原本她还嘀咕着：自己一大早便直奔这城南公园相亲角，会不会太心急了，来得早了。但是，还未真正进入公园，她便先闻其声，并着实地被眼前的场景吓到了——大爷大妈们将写满子女基本信息、要求条件的纸张或拿在手上、贴在伞上、墙上，或挂在树间的弦绳上，现场几乎全是上了年纪的父母在互相交换、比较各自孩子的信息，如同大学毕业招聘会或买卖蔬菜的农贸市场，而本应是主角的适婚年龄的年轻人却寥寥无几。

"跟老姐姐说的一样，果真是名副其实的相亲**信息市场**，消息这么多，简直都要应接不暇了呢，真不知从哪里看起是好。"华朵外婆自言自语着，慢慢地走进了相亲角。太多的信息量一时间让外婆感到压抑。

"我们这一代人呐，命真苦！"一个和华朵妈妈年纪相仿的女士在外婆身旁，一边看着面前的男性信息，一边抱怨，"阿姨，您也在给孙女、外孙女找对象吗？我在为我们家的丫头跑呢，真是叫人发愁，我们辛辛苦苦地把子女养育成人，原想等着含饴弄孙，谁承想，现在年逾五旬又要为子女的婚恋问题大伤脑筋。"

"从这场面看，不止我们一两家的闺女愁嫁，估计已经是社会性问题了，不要太愁。"外婆接这位女士的话回答，安慰对方同时也安慰自己，"这么多信息，该怎么看呢？"外婆判断这位女士应该很有经验而且与自己同病相怜，她应该会帮帮自己，于是向其讨经验地问道。

"这样，阿姨，您得先搞明白自己的要求，要找什么样的人，比如学历、工作、家庭住址呀什么的，先广撒网再排除，最后确定候选人，当然这要费一些工夫。另外我看您年纪大了，而且应该也不住在这周围，那边有小贩式的**信息中介**，您可以雇他在固定的摊位上展示您家姑娘的信息。"女士果然很热心地解答了外婆的问题。

"谢谢您！我觉着还是自己亲自挑挑比较放心，我担心中间环节越多，耗费的时间越多，**信息失真**越厉害，毕竟眼见为实嘛！"

"您说的对极了，这做家长的呀，真是为孩子操碎了心。

哎！不多说了，要是能为孩子换来个好姻缘，这苦也算是值了。唉……唉……我们赶紧找吧。"说完话，女士就将注意力转移到旁边的信息中去了。

华朵外婆听了女士的指点，便投入挑选候选外孙女婿的工作中了。她一边挑选对比，记录选中男生的联系方式及资料，一边还时不时地评价道："嗯，这男孩儿不错！个子高，不抽烟、不喝酒，无不良嗜好。"

"唉！怎么这里的女性相亲资料远远多于男性的呢？"华朵外婆逛了一圈相亲角后，发现了这个令她颇为不快的现象。有几个男孩出类拔萃、让人眼前一亮，但他们的家长被成群的女孩家长簇拥着。这果然量少即是精华，少有的几个优质男生显得十分紧俏。外婆做饭选食材时一向宁缺毋滥，这次挑人也不例外，最后经过再三比较，确定了三个男生。"选择多了反倒不好决定，少一些，才利于**信息吸收**，才能引起朵儿的重视，太多了，她万一忙得一个都不看了呢。"外婆这样想着，随即便拿出手机，拨通华朵的电话。

"喂，外婆！"电话另一端传来华朵清脆的声音。

"呵呵，朵儿，你下周过来看外婆吗？外婆这里有好几个男孩子的照片要给你看呢！"

"额……"华朵一下子就猜到了外婆的意图，心中五味杂陈，觉得无奈又好笑，但不忍心驳了外婆的好意，回答道，"好的，外婆，我要来吃您做的好吃的饭菜哦。"每次接到长辈的"旨意"去相亲，华朵都装模作样跟对方联系一番，但看得出来另一方基本上也都是在父母的"威逼利诱"下才来会面的，他们看似有不少的选择，但本就是无心交友，数次相亲的结果自然都没了下文。华朵已陷入密集相亲恐惧症，但家人亲友却似乎练就了屡败屡战的韧劲儿，主要表现在节假日，催促安排相亲的频率有增无减，华朵无奈地在心底慨叹："不是在相亲，就是在去相亲的路上。"

"哈哈，好！好！到时外婆一定给你做一桌好吃的。"不懂华朵心底感伤的外婆，心里还美滋滋地想着这次华朵会不会对这些候选外孙女婿中的一个感兴趣，继而相亲，然后成功牵手、结婚、生孩子……

知识加油站

信息市场

信息市场是在信息商品生产和信息商品交换中产生和形成的信息商品交换的场所，以及由信息商品交换连接的信息生产、分配、流通和消费全过程中人与人之间各种经济关系的总和。

——党跃武，谭祥金 . 信息管理导论 . 3 版 . 北京：高等教育出版社，2015.

我们可将信息市场简单理解为：以提供各种信息商品来满足

知识加油站

用户需求的信息交换场所。

（参见"休闲娱乐篇"第3节的知识点"信息商品"。）

信息中介

信息中介是协调信息生产者和信息消费者之间关系的中间方；依据客户需要来选择、组织、提供信息，并规定相应使用费用。信息中介的组织形式主要有营利型（如书店、信息咨询公司等）、非营利型（如学校图书馆）与政府组织型（如公共图书馆、国家气象局等）三种。

——朱红.信息资源管理导论.北京：国防工业出版社，2006.

信息失真

信息失真是由于信息在传输过程中受到干扰（人为干扰或技术原因）而产生的信息语义的改变，或者语用价值的衰减。

——邓发云.信息及信息服务的可信度研究.成都：西南交通大学出版社，2008.

通俗地讲，信息失真，即信息偏离了其客观真实状况。在信息的传输、利用、反馈过程中都有可能出现失真的现象。

知识加油站

大家也许做过"信息传递失真"游戏。一句话经过若干个人一个接一个地、秘密地口头传递后，最后一个人说出的信息与第一个人所传的信息往往相去甚远。这不仅因为在听的过程中可能漏掉了信息，还可能因为每个人在传递信息时都不自觉地加入自己的理解，使得信息越来越偏离了它本来的意思。

信息吸收

信息吸收是将信息内容内化为个人知识的过程。在这个过程中，用户依据自身知识结构，对信息进行分析、判断、比较、整合和摄取，因此，信息吸收也即用户理解和接受信息的行为。

——乔欢.信息行为学.北京：北京师范大学出版社，2010.

不同用户对同一信息的吸收情况不尽相同，这与用户的信息需求、原有知识结构、兴趣偏好、个性、理解与接收能力等内在因素相关，也与信息易用性等社会环境因素相关。比如，用户受自身信息需求与固有知识结构的影响，通常倾向于理解和认同与自己既往经验相符或自认为满足自身需求的信息，而下意识排斥与自己需求、价值、经验等不一致的信息。

3

再过几日就是陶然表妹的生日派对了，华朵从外婆那里回来，便约了高歌一起出去，想要顺道挑选一份礼物以便去参加生日派对。

"你，还参加朋友表妹的生日派对？就是上次你讲过的陶然的表妹？你和陶然这关系也太不寻常了吧？"高歌心中像是醋坛子打翻了一般。

"哎呀，你想到哪里去了。陶然这表妹我也是认识的，只比我小了两岁。年少的时候，陶然和他表妹总是一起来找我玩，只是大了之后离得远了，关系也就不像以前那么亲密了。原本我也没想去，上次在城南公园遇到了，好说歹说让我也参加。只有一个要求，就是男女都要带着异性同伴。我这不就想到了你……"说到这里，华朵小脸变得绯红。

"原来你这是要带我见家属啦，那我必须得陪你走一趟啦。"听过原委，高歌喜不自禁，打趣着看向华朵。

"你这人没个正形，取笑我。那就和你这么说定了啊，到时候我微信通知你。我先回家去了，一会儿该晚了……"华朵词不达意，一脸通红，耳朵根都热得发烫，她要赶紧离开这个现场。

话还没说完，一溜烟儿小跑着离开了。

一路都在想着刚才让人害羞的场景，不知不觉间就已到家，"陶然也在呀，慢慢玩哈。"华朵向家人和陶然匆匆打了个招呼。

华朵本打算赶紧闪进卧室作为庇护的港湾，但试图闪躲的目光却依然逃不过妈妈的眼睛。

"朵朵啊，我刚给杨帆打了电话，她说你要留在她家里吃饭的。你怎么这么早就回来了啊，你和杨帆出去逛街，怎么也没见买什么东西呀，不会是和男性朋友出去了吧？"华朵妈妈直奔关心的主题但又不想太突兀，于是用了疑问句，希望得到女儿肯定的回答。

"天晚了还是少外出比较好，即使是和男生也不是很安全呢，最近网络上和身边有很多女孩子出事的消息。"陶然接过华朵妈妈的话赶紧补充，希望听到华朵不是和男生外出看电影的否定回答，同时一边说着，一边打开华朵爸爸电脑桌面上的浏览器，通过导航网站找到一个中文搜索引擎并迅速键入**检索式**"女性　相亲　受骗"，查找相关信息，浏览器页面上即刻弹出了满屏关于女性受骗的有关信息，屏幕下端和右边还有相关搜索、相关词汇、相关网站等推荐条目，他随机点击了其中的一个新闻，屏幕上迅速弹出了新窗口。

"我都这么大了，好歹也是大学毕业，识别好坏的能力还是有的。"华朵赶紧回应，一心想尽快结束对话。

"华朵，这个想法不可取呀！女大学生被江湖骗子拐卖的可不少呢。"陶然说完在搜索框里把刚才的"女性"改成新的关键词"女大学生",回车键一敲满屏都是女大学生受骗的有关网络信息。"华朵,你看,现在的骗子都玩技术了,相亲网站上吃亏的女大学生有多少!"有数据的支撑,陶然更是不肯放弃显示自己暖男特色的机会。

"陶然,现在都有专门相亲的网站了?真新鲜呐,你待会儿好好跟我说说。"华朵爸爸第一次听说相亲网站,很是好奇。

"陶然,你是百合网还是世纪佳缘的 VIP 呀?待会儿跟我爸好好讲讲您的艳遇。我先歇了。"不等陶然、华妈妈接茬儿,华朵一溜烟儿闪进了房间。

"相亲网站跟婚姻介绍所功能上有什么大的差别吗?"华朵爸爸一心想了解相亲网站,想着要是好,就去网站给华朵也注册一个账号。

"功能上跟婚姻介绍所没什么区别,直白了说,相亲网站就是婚姻介绍所的网络形式。现在我们年轻人不都爱在网络上聊天嘛,剩男剩女又多,商人的嗅觉多灵敏呀!于是就把婚姻介绍所开到了网络上。"陶然颇为通俗地向华朵爸爸介绍着。

"那现在做得比较好的有哪些?在那儿找对象靠谱吗?"

"现在相亲网站太多,相互之间的竞争非常激烈,质量参差不齐。目前来看,百合网、珍爱网等是国内婚恋服务行业规模较大的代表性网站。尽管有些网站要求用户实名认证,但也没法完全排除不法分子的投机。还有一个潜在的风险就是相亲网站可以在后台掌握用户的个人隐私信息,但用户了解网站的却很少,双方处于不相称的地位,这就是人们常说的'**信息不对称**'。所以用的时候还是小心一些比较好：一是选择口碑、实力较强的网站；二是在与异性沟通交流时提高警惕，注意自己个人信息的安全。"陶然有条不紊地回答道。

"对对对，我看那个江苏卫视《非诚勿扰》插播的广告就是你说的这些什么网站赞助的，当时也没好好听。一般这些婚恋网站都怎么用呢？跟 QQ 之类的有什么区别？"华朵爸爸一副要刨根问到底的模样。

"准确地说，QQ 是一种即时通信软件，相亲网站呢应该叫**社交网络**平台。相亲网站所提供的服务方式一般有两种：一种是自助式的线上自主交流，网站只提供虚拟的自我展示和交流平台；还有一种就是线上到线下的红娘相亲服务，也就是组织网站会员进行线下的见面交流活动。但线下参与活动的人比较少，主要还是线上交流，会员的线上资料都比较具体，如果查阅后感兴趣就可以进一步地交流，主动性和选择性强。用户完成注册后，便可以登录使用，可以浏览也可以检索，可以自由设定年龄、地区、身高等各种条件进行检索，并查看相关人员的照片、简介等信息。对于心仪的人选，用户还可以在站内向对方发送信息进行联系，但在多数相亲网站中使用此项功能需要按次数支付一定的费用。相亲网站一般均提倡和奖励注册用户进行实名身份、学历收入等的验证，如为进行了验证的用户提供提升认证等级、搜索优先排序等激励，但为保证较大的用户量和较高的用户黏度，就是将网站能吸引新用户并保持老用户活跃程度的能力维持在一个较高的水平，一些网站并不强制推行上述验证措施。另外，由于相亲网站以互联网为载体，因此对于网络设施设备较差或上网频率较低的用户而言，使用此类网站具有一定的劣势。"陶然一口气讲完，又习惯性地眨了眨眼。

"哦，原来是这样。不过你刚刚说的相亲网站将那'提升认证等级'当作一种激励措施我能理解，但是为什么那个'搜索优先排序'也是一种激励措施呢？"

"华叔，这个'搜索优先排序'呢，是指当多名用户的相亲信息都符合某个用户的搜索要求时，那么拥有'搜索优先排序'特权的用户，他／她的个人信息就有一定的优先权，即以更大的概率出现在搜索结果的前几条。要知道，我们在寻求信息、选择信息时总是期望并遵循'**最小努力原则**'。因而，我们往往对搜索结果没有太多耐性，在搜索结果比较多的情况下，一般只会选择查看排在最前面的一两页结果，甚至只选择排在最前面的少数几条结果。这样一来，拥有更大几率出现在搜索结果前面的用户不就拥有更多的机会被别的用户选中来深入接触，拥有更多的相亲机会啦！"

"小陶，真是长江后浪推前浪，一代新人换旧人呐！你年纪轻轻就知道这么多，而且能分析得鞭辟入里。"

"嘿嘿，还好啦！只是我和叔叔擅长的领域不一样嘛！其实这个'搜索优先排序'的应用还是挺常见的，例如我们在使用百度时，在搜索结果的头几条，有些常常跟我们的要求不是特别相关，或者是相关的企业或商品的广告，这便是百度实行的'搜索竞价排序'推广的结果。因此，我们也不能太过于依赖百度所检索出的结果，要注意识别，并要有自己的思考与判断。"陶然俏皮又略带腼腆地眨了眨眼睛，继续道，"叔叔您这活到老要学到老的精神也很是值得我学习呢！今天时间也不早了，我回家去了哈。"

"好呢，有时间常来玩儿！赶明儿你也去相亲网站找个俏媳妇儿呀！也老大不小的了。"

"嗯，好的。"陶然嘴上应承但内心却强忍着极度的失落，找媳妇儿一句话立马勾起了对华朵和他人约会的记忆。

"晚安，华叔。"

"睡个好觉，小陶。"华朵爸爸虽然是明白陶然心思的，但似乎她这女儿只把陶然当弟弟看。一时间华朵爸爸也就不能展现对小陶的喜爱之情了。而对陶然来说，今晚注定又是一个难眠之夜。

华朵洗漱完毕，躺在床上，看着来自杨帆的未读微信消息。

"华朵，你妈妈打来电话问你在哪，我就谎称你在我家来着，别露馅哈。"

"关键时候还真是给力，不行，我得给我们家帆帆找个好归宿……"就这样，华朵迷迷糊糊地进入了梦乡。

知识加油站

检索式

检索式又称检索提问式，是指将各种类型的检索词通过检索系统规定的符号组合而成的逻辑表达式。检索式一般来说是由若干个检索词组成的复合检索式，但是也有只包含一个检索词的简单检索式。复合检索式的检索词之间要通过检索系统可以识别和执行的运算符号进行组配，其中布尔逻辑算符是检索式中应用最为普遍的运算符号，其他的还有位置算符、截词符等。

——柯平. 信息检索与信息素养概论. 2版. 北京：高等教育出版社，2015.

（参见"新闻民生篇"第2节的知识点"高级检索""布尔检索"。）

信息不对称

信息不对称是指市场上买卖双方各自掌握的信息是有差异的，通常卖方拥有较完全的信息，而买方拥有不完全的信息。掌握信息比较充分的人员，往往处于比较有利的地位，而信息贫乏的人员，则处于比较不利的地位。俗语所谓"买的没有卖的精"，指的正是商品买卖中存在的信息不对称。例如，照相机的卖方一般比买方更了解相机的性能。在信息不对称的情况下，具有信息优势的一方就有可能利用这种优势为自己牟取利益。

信息不对称在专家服务中也有较明显的体现。如在使用医生、律师、电器维修师的服务时，被服务者往往缺乏足够的知识和信息来判断专家的服务是否合乎自己的利益。

——邱均平，沙勇忠，等.信息资源管理学.北京：科学出版社，2011.

社交网络

社交网络是社会性网络服务的简称，亦可称为社交网站。绝大部分社交网络提供许多互动方式方便用户沟通，如聊天、转贴、发起讨论、发布日志等。

——柯平.信息检索与信息素养概论.2版.北京：高等教育出版社，2015.

比较知名的社交网络有微博、QQ、抖音等。

最小努力原则

最小努力原则又称"最省力原则"，是1935年齐夫（G. K. Zipf）所提出。该原则认为，每一个人在日常生活中都必定要在

知识加油站

他所处的环境里进行一定程度的运动，也就是在某种道路上行走。无论哪一种运动和哪一种道路，人们在这个过程中都有意无意地按照某一个基本原则来进行，即从多方面加以考虑并结合主客观条件，选择一条符合自己条件和要求的道路，使得自己付出最小努力而获得最大报偿。人们在寻求信息、选择信息时也总是期望并遵循"最小努力原则"，即人们总希望花费最小的成本以获得他们想要的信息。

——党跃武，谭祥金.信息管理导论.3版.北京：高等教育出版社，2015.

相亲网站举例：

【百合网】https：//www.baihe.com

【珍爱网】https：//www.zhenai.com

【世纪佳缘交友】https：//www.jiayuan.com

4

陶然爱慕华朵已久，但他性情温平、自信心不足，一直都以朋友身份在华朵身边徘徊。当亲耳听到华朵与别的男生外出约会看电影后，他长久以来一直悬着的心仿佛掉进了老醋坛子。他躺在床上完全没有睡意，脑海中全是华朵的影像，她的一颦一笑，她的举手投足。尽管华朵言行举止上有些装作女汉子的张扬，但她眼角眉梢中依旧透露着小女生特有的善良与温柔。总之，陶然想到的都是她的各种好。

烦躁之情如网络病毒般难以抑制，陶然从头到脚的每个细胞好像都充满了戾气，辗转反侧难以入眠，于是拿起智能手机开始上网。忽然想到自己的电子竞技游戏比赛成绩应该就在这几天出来，赶忙进官网查询获胜名单。可是这名单他前前后后看了三遍，却是连个"陶"字都没看到。毫无疑问，这场比赛，他失利了。人说"职场失意，情场得意"，他这倒好，没一个得意的。郁闷的陶然就这样看着手机，刷着论坛、微博。

最想逃避的东西却经常最难逃避，陶然的目光最终还是落在了华朵的一条长微博上："在漫长的农耕文明历史中，有多少不可挽留的回眸一望泯灭在岁月的长河。网络时代下手持智能工具的我们，获得了前人难以奢望的各种可能，但在朝圣般生命的旅途中，我们总是习惯在网络中慨叹错过、哀叹惆怅，没有勇气为相遇、结识、牵手创造现实的可能。今天你是否有胆量为现实的留恋而勇敢？非诚勿扰——杨帆！"乍一看到"牵手"两字，陶然的心又隐隐地痛了起来，以为是华朵在秀恩爱，但仔细一看，原来是华朵转发的她闺密的征友贴，这个征友贴还得到了包括几位微博大 V 博主的大量转发。"人到愁来无处会，事到关情总伤心。"杨帆的这几句博文真是应景，恰好说到了陶然的心坎里，十分熨帖。

"杨帆？难道此杨帆是华朵嘴边挂着的那个大作家？"陶然不由犯起嘀咕，心弦为之一动，联想起之前华朵给自己讲过的

杨帆的趣事，竟有一丝莫名的暖意。陶然点击进入杨帆的微博主页，一一浏览博文和相册，看着她和华朵两人的照片，不想竟真的是杨帆，让他更感意外的是，杨帆和自己的兴趣、性情竟出奇地相符，敏感、心细、善良……陶然立即点击微博页面上的"加关注"按钮开始关注杨

帆的微博，并选择"私信"按钮，以不被其他人所见的方式将自己喜欢的一首诗发送给杨帆，"别问我从哪里来 / 我把梦 / 已留给了 / 昨日的山岚。别问我往哪里去 / 我把思念 / 托付给了 / 明日的白帆"，陶然此刻真是太希望能寻到一个可以坦然交流和倾诉的知心人，以疏解自己低落的情绪。

而微博私信的信息接收者——杨帆，尽管经常在华朵面前表现淡定，内心其实也常常"嗷嗷待嫁"。作为一个网络作家，她所构想的浪漫邂逅情节只是通过作品呈现在网络上，而自己现实的生活还如白开水一般淡然无奇。

这天晚上她早早就休息了，却不想爱情也慢慢地生根、发芽。

第二天清早，杨帆一如往常地陆续打开微信、抖音、微博等各种类别的社交应用，查看其他好友的动态或心声。点开微博未读的私信消息，私信里居然摘录了汪国真的诗句，还没落款，甚至这人还关注了自己。

杨帆第一时间想和闺密华朵分享。

"朵儿，你看你那天抛下我，真是有了情郎忘了'袖娘'。"华朵被手机提示音吵醒，打开手机，便看到了杨帆发来的消息。

"你这笔名'袖娘'本来挺高雅的，如今被你用得这么俗气，我看你是醋意大发吧，哈哈哈。"

杨帆发了个撇嘴的表情："你可别得意，如今微博一大帅哥关注了我，想我不久便也能脱单了。"

"你可别轻易关注陌生人，容易泄露自己的隐私，一定要警惕网络欺诈啊。"华朵十分担心她这单纯的闺密。

杨帆想了想，便把这微博私信截图发给了华朵："你看，还发了首情诗给我呢！"接着又加了个吐舌头的表情。

点开图片，华朵莫名觉得对方这微博头像甚是眼熟，好像……好像在哪见过，哦哦，对了，是陶然！华朵笑得直不起腰来。"哈哈哈，居然是陶然，陶然那小子！"

杨帆等了许久，看华朵没有回复，便邀请华朵视频对话。

"喂，华朵，你笑什么呢！什么事情这么好笑！"

好不容易华朵平复了心情，向闺密解释道："这人就是我发小陶然啊！"

"啊啊啊，不可能吧？世界居然这么小，我听你说过他几次，却还没有见过真人，原来真人在此处等着我呢！呀，华朵，你居然取笑我，我不和你好了。"杨帆假意生气，和华朵挂了电话，其实她只是想赶紧去陶然的微博主页看看。

杨帆对学 IT 的男生本来就崇拜，没想到陶然能文能武，还会留意诗歌，好感更是平添了一层。于是她立马回了陶然的私信，并借助 QQ、微信等社交软件加了他为好友。然后他俩通过文字、语音、视频聊天，一"聊"如故。

往后的日子里，陶然再也不会说他自己"情场失意了"，他呀，得意还来不及呢。

微博大V：

大V是新浪微博打造出来的标志产物，微博服务商于2011年推出实名认证制度。通过身份认证的用户名后有加"V"标记，由此打造出大V，也就是拥有数十万至几千万粉丝的加"V"用户。按粉丝数量和是否加"V"，微博用户可以分为大V、普通加"V"、草根等类型。

——靖鸣，杨晓霞，冯馨瑶，等.网络意见领袖及其表达新浪大V传播行为与失范应对研究.上海：复旦大学出版社，2021.

社交应用的分类：

社交是用户上网最重要的行为之一。当前社交应用市场主要包括即时通信工具、综合社交应用和垂直细分社交应用。即时通信工具以微信、QQ为主要代表，主要满足用户交流互动的社交需求；综合社交应用以新浪微博、微信朋友圈、QQ空间为代表，主要满足用户进一步展现自我、认识他人的社交需求；垂直社交应用主要包含图片视频社交（如美拍、抖音、快手等）、婚恋社交（如世纪佳缘、珍爱网等）、社区社交（如知乎、豆瓣、小红书等）、职场社交（如脉脉、领英）等类别，在特定领域为用户提供社交关系连接。

——中国互联网络信息中心.2016年中国社交应用用户行为研究报告.https://www.cnnic.cn/NMediaFile/old_attach/P02018010 3485975797840.pdf.

华朵妈妈和外婆一直为华朵的婚恋问题发愁。少言心细的华朵外公看在眼里急在心里，这个外孙女的婚事是全家都愁，唯独她自己不愁！每次劝老伴儿不要过多地操心儿孙的事情，都会被老太婆顶回去，说他不关心外孙女，念叨一番。于是乎，这外公啊，常常跑到楼下和老伙伴们去下棋，以避开华朵外婆的数落。今天他如往常般在楼下与老伙伴们下了几盘象棋后，回来准备吃晚饭。一打开门，便听到了华朵外婆的呵呵笑声。

"朵儿和朵儿妈妈来了啊！什么好事呀，好久没见你们这么高兴了。"外公很期待看到一家子愉快的场景，"难道是朵儿终于有对象了？我就说嘛，就我们家朵儿这条件和素质，给我们找个乘龙快婿一准没问题。"

"要是今年朵儿这丫头的问题解决了，那我们家真就双喜临门了。今天不是朵儿，是她表姐呀，瑶瑶那孩子。"外婆回答道。

"夏瑶要添第二个宝宝了，爸。这傻丫头啊，已经两个月了自己都不晓得，这不，刚查出来嘛。"华朵妈妈赶紧补充。

"原来是这样呀，好！好！好啊！"华朵外公知道了真正的原因后，尽管证明自己的判断不对，但毕竟是喜事，所以也很高兴。

"那名字起好了吗？"外公接着问道，希望大家都能在喜事中多沉浸一会儿。

"还没呢，您给想一个呗，外公。"华朵很想听听外公的意见。

"嗯，起名字可是个大事，哪能随便就想一个呢。这个起名啊，按老规矩得查查家谱才能定，得有个字辈，为长者、尊者讳才行。那个大宝宝也得改改，之前起名字时大意了。"外公突然变得十分严肃。

"说的是，老头子，我们俩之前都瞎忙什么呢！虽然知道瑶瑶老公他前几年便失去了家里长辈，但给大宝宝起名字时竟忘了给他们把把关了。"听到"家谱"二字，外婆立即也变得认真起来。

"家谱？字辈？"华朵看到外公、外婆两位的变化，"外公，我们家也有家谱啊？"

"我们家当然也有家谱，但是老祖宗传下来的很多东西现在都被丢弃得差不多了。"外公很有慨叹地说道，"家谱呀，是我们一个家族世系繁衍和重要人物事迹的记录，有了它，我们才能知道我们的祖宗、近亲都是谁，名讳是什么。所以子孙的名字呀，可不能随便取，否则会乱了辈分。"

"我在《现代汉语词典》的附录上见到过各个朝代帝王沿袭情况的表。"华朵毕竟没有见到过家谱实物，但联想起了上学时翻看字典的记忆。

"嗯，可以这样理解。但是皇家的族谱叫玉牒，从唐代便有了，规模非普通百姓家族可比。据我所知，国内唯一完整系统保存至今的皇族族谱是清代的玉牒。目前保存清代玉牒的主要有两个地方，一个是中国第一历史**档案馆**，另一个是辽宁省档案馆。据说，光是中国第一历史档案馆现存清代各类玉牒就有2000多册。"

"那我们家的家谱在哪儿呢，我怎么没见过呀？有没有我的名字呀？"华朵很想目睹一下实实在在的家谱，想象中的东西毕竟不够翔实和感性。

"按老传统，古代女子计入家谱的甚少。可如今这社会，女子地位与男子差别几乎无异，最新编写家谱的规则也就更加开放灵活一些。在我们家的家谱上，你妈妈和爸爸的名字，生日信息都是会被记录入册的。当然你的名字也是会有记载的。但是，朵儿，等你嫁了人，还是会被编入夫家的家谱中，冠以夫家的姓氏。也不知道你以后是'张华氏'，还是'薛华氏'？"

"赶紧找个婆家吧，都把我和你妈给愁死了。"华朵外婆见缝插针，趁机催促起华朵解决婚恋问题。

"果然现代社会女性的地位就是不一样，我真是幸运呀！外公，那外公家和华家的家谱又被放在哪里呢？我想一睹'尊荣'啊。"

"唉！现在家谱越来越不被年轻人重视了。我们家的家谱呀十几年前修过一次，当时恰好区档案馆向社会征集民间谱牒档案以丰富馆藏，我们考虑能够更好地保存家谱、传播家族声望，于是把原件给存到我们区综合档案馆去了。而留给我们的复印件在上次家里失火时被烧毁了，我正考虑着抽空去档案馆再复制一份呢。"外公恍然想起这件事来。

"档案馆还管这些呀？"华朵诧异地问道。

"档案馆管的可不少呢，你有空可以到网络上检索一下，查看一下人家的网页，看看他们提供了哪些具体的**信息服务**。"华朵妈妈有时会去工会的档案办公室查询一些职工的档案，因此对档案馆的事情也略知一二，便趁机给女儿科普了一下。

"上次我去我们区档案馆，刚好看到了他们馆年度的档案利用情况的总结与介绍，了解到大家去那儿查阅档案，多是由于各自生活中所需的各种档案证明，例如那些由于要申领独生子女一次性奖励金、买卖房屋等需要有婚姻状况证明的，由于退休等原因去查询工龄的，有些便还需要开具知青、招工等相关证明。而且去那儿看了它的民生档案查阅服务指南，我也才知道许多与我们有关的档案并不是全部都在档案馆保存的。"外公接着妈妈的话道。

"哦？爸，您再具体说一说吧。"刚刚还讲得头头是道的华朵妈妈有些蒙了。

"比如婚姻档案、知青档案、招工档案这些是由咱区档案馆保存的，晓晨这种高考考生的档案是在他家所在的区招办的，咱们户籍档案是在各派出所，社保档案是在区社保局，城建档案则是在区建委，等等。**档案馆类型**很多，不同类型的档案馆，各自的职能、提供的服务肯定是有所区别的，除了我们常见的各区县的档案馆，我记得我们市不是还有城市建设档案馆、国土资源和房屋档案馆、规划和测绘档案馆等那些嘛。哎呀，人老了啊！记性不好了，还有些别的，你有空自己去了解一下吧。"外公慢慢地回想着。

"哎呀，你们都扯到哪儿去了嘛！我们刚才不是在讲起名、讲家谱吗？家谱！"华朵见话题有些偏了，赶紧提醒道。

"哦哦，对哈！说家谱，家谱。我国的家谱其实除了档案馆有收藏外，还有一些图书馆、博物馆、历史研究所以及其他单位或个人手中都有收藏。前几天，我还注意到新闻报道了上海图书馆、客家族谱博物馆收藏家谱呢，你有兴趣的话可以按你妈说的上网去查一查。"外公接着道。

"我们华家的家谱呢？"华朵一心只想知道家谱的下落，想看看上面究竟有没有爸爸、妈妈和自己的名字。

"别着急呀，还没说完呢！你爷爷那一代是20世纪60年代支援国家三线建设时，从江苏迁来的支援襄渝铁路的民兵。因此你们的家谱不在这边，而是在江苏那边。"

"那想寻根亲怎么办？岂不是很麻烦？！网上有没有家谱网站？"华朵遇到难题就想到上网找答案，边说边打开手机，然后在手机浏览器搜索框里输入"华氏 家谱 族谱"几个字，开始检索起来。

"哎呀，真有耶！妈妈，看！华姓的家谱网页。"华朵赶紧点开链接查看，顺便给妈妈和外公、外婆等人展示。

"说不准还有综合性的家谱网站呢，我搜搜看。"华朵自言自语道，同时只输入"家谱"两个字进行检索，"看，综合性家谱网站有不少呢！有上海图书馆的中国家谱知识服务平台，还有中国家谱网、中国家谱族谱库、中华寻根网、族谱录等。"

"全国同一姓氏有很多不同的集聚区，我想字辈上可能还有些差别，要想准确还是以自家世代传承下来的家谱最为准确。但寻根亲时可以参考同姓但不同区域的家谱。"外公提醒道。

"是呀，外公真是不上网也知天下事。是有这个问题，看了几条我都糊涂了，这网上家族信息太多了。"华朵大致浏览了几个网站后，几个想法便跳入脑中：古代的家谱难道真的就不记录女儿吗？像李清照这种大才女不被记录在李家家谱中，岂不是太可惜了？想看看网上有哪些这方面信息，华朵便输入了"家谱 女儿"进行检索，在对检索结果中的标题进行了初步浏览后，果然看到的内容和外公说得大体一致，如今好多女子都被编入家谱了呢。只不过古代也不是全都不记载女儿的信息，若是家族中出了烈女或是贤妻等对家族有大贡献的人，也是会被记录在册的。

"外公您好厉害，知道这么多！那我去找表姐，看她知不知道表姐夫的家谱、字辈的事，然后再商量商量宝宝的名字。"

"家谱是珍贵的历史文化遗产，编修家谱更是我们中华民族特有的文化现象。去找你表姐好好科普一下吧！给宝宝取个好名字，希望子孙们能好好地把家族绵延发展下去，我们这辈也算是对得起祖宗啦！"外公激动地说道，眼睛里有些晶莹闪烁，仿佛穿越了家族上下绵延百年的沧桑。

知识加油站

档案馆

　　按照《中华人民共和国档案法》等法律法规的规定，根据"统一领导，分级管理"的原则，对国家全部档案和全国档案工作，必须设置全国规模的档案机构进行管理。各级机关的档案，由机关内设立的档案室（处、科）集中管理；各机关形成的需要长远保存的档案、历史上形成的档案，设立各级各类档案馆统一保管；全国的档案工作，由各级档案行政管理机关统一地、分层负责地进行监督和指导。

　　——冯惠玲.档案学概论.2版.北京：中国人民大学出版社，2006.

档案馆类型

　　我国档案馆类型多样，划分角度也各不一样。根据《中华人民共和国档案法》《中华人民共和国档案法实施办法》中对我国档案馆类型的分类，我国档案馆主要可分为各级国家档案馆、专业档案馆（含专门档案馆、部门档案馆）和企事业档案馆三大类。

　　（1）国家档案馆。我国国家档案馆一般可分为历史档案馆和综合性档案馆两类。历史档案馆包括中国第一历史档案馆（主要保存明、清中央机构的档案）和中国第二历史档案馆（主要保存民国时期各个政权中央机构的档案）。综合档案馆一般分别隶属于各级党和政府，收集保管党和国家在各个方面管理活动中形成的档案。综合性档案馆可分为中央级和地区级综合性档案馆两种。综合性档案馆数量众多，是我国国家档案馆和档案事业的主体。

（2）专业档案馆。专业档案馆是指国家专门管理某一方面或某一特殊专业和技术活动中形成的档案而设置的档案馆。专业档案馆的具体类型多样，主要有：特殊载体档案馆(如照片档案馆、电影资料馆)、城市建设档案馆、部门档案馆（如外交部档案馆、公安部档案馆、铁道部档案馆、交通部档案馆等）。

（3）企事业档案馆。企事业档案馆是内部档案机构的两种主要类型之一。内部档案机构是指某一机关或组织内部设立的，保管本单位形成的档案，并主要为本单位提供服务的档案机构。

——冯惠玲.档案学概论.2版.北京：中国人民大学出版社，2006.

知识加油站

信息服务

　　信息服务指特定的信息管理服务机构针对用户的信息需求，及时地将信息提供给用户的活动。信息服务的最终目的是向用户提供他们所需要的信息，以使信息资源发挥最佳的社会、经济和生态效益。

　　——党跃武，谭祥金.信息管理导论.3版.北京：高等教育出版社，2015.

子女
育教
篇

1

经过几次约会以及平日的社交软件聊天，华朵和高歌发现相互之间有着很多的共同点，好感倍增。中秋假期，高歌更是向华朵隆重地表白了。华朵欣然接受了，她觉得幸福已然降临在她身上。脸上每天都洋溢着喜悦。活在幸福里的华朵同往常一样下班回到家中。

"外婆来啦！妈，你们在聊什么呀？"

"你表姐怀着二胎也过了三个月了，我们正商量明天一起去表姐家，看看有没有什么需要帮忙准备的。你去不？"

"去，您都说了我还敢不去吗？我也有段时间没去看表姐了。"其实是华朵按捺不住想把自己与高歌的事和表姐好好聊聊，与表姐分享自己的快乐。表姐是华朵大姨的女儿，和她只相差三岁，两人又是从小一起长大，关系一直很好。表姐身材高挑，样貌也很出众，专科毕业后便在一家航空公司当空姐，但自从怀了大宝后便辞职在家当全职妈妈。

"这样最好，给你表姐打个电话告诉她，明天上午我们过去。""我一会儿就给她打个微信视频电话。"

"那明天去你表姐家，准备带点什么东西？"华朵妈妈又问道。

"就带些实用的吧，明早去商场买一些东西。"

"大宝刚出世那会儿，我和你外婆也准备去买些礼物。但是到了商场，东西太多了，我和你外婆都挑花了眼，逛了一圈，最后也没买到啥！你知道买啥吗？"

"我也不知道，但是'百度一下，你就知道'呀！"说着华朵拿出了手机，准备上网查一下网友们的送礼物经验，"我们明天就要去表姐家，今天网购肯定来不及了，所以我们可以先到网上取经，看看别人有哪些经验与建议。"

"嗯，对呀！你还是用你的笔记本电脑吧，屏幕大些，我和你一起来看看吧。"

"行！您等一等哈。"华朵从卧室里将笔记本电脑拿了出来，靠着妈妈坐下，然后开机，"我们先进搜索引擎看看吧。"

"嗯，听你的。"

"我们进入百度以后，直接输入'看望怀孕三个月的孕妇，带什么礼物'，然后点击'百度一下'，检索结果就出来了。"华朵一边操作着电脑，一边和妈妈说着。

"哎呀，我知道的，你妈妈我又不傻。哦哦，这里，这里！这条'知乎'和它下面的'家庭医生在线网''百度经验'网站里面的回答，都可以看一下。"华朵妈妈兴奋地指着电脑屏幕道。

"嗯嗯，除了网友们分享的经验，您看还有些医生的回答呢！

对网上提供的各种信息，我们要进行细细对比。网上的信息可不能全信，应该要有自己的判断。一般而言，我们依照网站的权威性，就能大致判断这个网站所发布的信息的质量。因为网站和页面的所有者对于发布的信息来说，就和出版社、电台、电视台等传统新闻媒介机构与它们所传播、发布的信息的关系一样，他们对于信息的著作权保护、内容更新和修改具有直接的责任和义务。所以说，网站和页面的所有者是否具有权威性，对于所发布信息的质量水平、数据准确性、可靠性等有非常大的影响。然后呢，我们再对网页中具体的网络信息进行价值评价，判断信息内容的详细程度、所涉及的主题范围、逻辑性、客观性等。"

"嗯，这个妈能听懂。"

"呀，老妈，对不起，我讲得太专业了。一瞬间以为自己是在给同事做培训呢。您看，本来还想着给表姐买些补品呢，但是网上有多位医生都指出孕期是不能乱吃补品的，主要还是根据孕妇个人健康情况，遵循其医生的治疗方案或建议。所以我们就给表姐买两套孕妇装吧，再给大宝买点儿玩具。明天去商场，到时候再听听导购的建议，应该就不怕买不到东西了吧。"

"就这么办吧。现在这个网络真是个好东西，今天妈妈又在你这里学到了不少。"

"嘿嘿，妈妈您以前不是常说我们要相互学习的嘛！再说了，学习如何正确使用互联网，还真是一门大学问呢！它不断地飞速发展着，我们也不可能一下就将它玩儿转了，还是需要不断学习与运用的。在这个信息时代，基本的**信息素养**还是应该具备的。不仅要知道如何获取信息，还要有评价和有效利用信息的素养。"

"对。妈妈平时不也是在跟着你爸爸和小陶学着如何使用互联网嘛。我们先慢慢地看这里刚刚查出来的吧。"

……

"朵朵，起床了。"当妈妈的声音飘缈地从远方传来的时候，华朵还在做着一个梦，梦境虽然不是十分清晰，但有两点却是清晰的，一是梦中有高歌，二是华朵分明感觉自己很幸福。

"妈，还早呢！再睡一会儿吧！"

"小懒虫，不是要先去商场买东西，然后去表姐家吗？"

听到这话，华朵心里一惊，"对呀，只顾自己做美梦，把这事给忘了。"她慌忙地从床上爬起，洗漱并吃完早餐后，赶去了商场。

知识加油站

信息素养

信息素养指个人、组织乃至社会中，在信息获得、利用、开发等各方面的修养和能力的总和。信息素养包含多方面的内容，

知识加油站

如具有较好的信息伦理道德修养，要有信息意识，能有效地利用信息源，能对信息进行批判性的思考，并将有用信息融合成自己的知识体系，能主动鉴别各类信息，获取所需信息并能评价和分析，具有开放和传播信息的能力等。

——柯平.信息检索与信息素养概论.2 版.北京：高等教育出版社，2015.

百度知道：

　　百度知道是百度推出的一个基于搜索的互动式知识问答分享平台，是一种用户根据自己的需要具有针对性地提出问题，通过积分奖励机制发动其他用户来解决该问题的搜索模式。同时，这些问题的答案又会进一步作为搜索结果，提供给其他有类似疑问的用户，达到分享知识的效果。

百度经验：

　　百度经验是百度推出的一款生活知识类产品。它主要解决用户"具体怎样做"，重在解决实际问题。其每一篇经验就是一篇

能指导人们达到某种目的的文章，通常包括概述、工具/原料、步骤/方法、注意事项、参考资料等几个部分。其中步骤/方法详细地描述了达到目的的操作过程，便于学习和模仿。经验一般含有丰富的图片（如果必要）和简明的文字，通常和现实生活联系紧密，能帮助人们解决实际问题。百度经验由百度智囊团提供。由在各领域内有卓越表现的可靠单位或者个人，通过严格审核后申请成为智囊团成员。

2

华朵同外婆和妈妈一起来到表姐家，她们的到来让表姐和表姐夫很是欣喜。

一家人聊天又聊到了喂养宝宝的事情。

"哈哈，感觉生娃、养娃方面真的是大有学问呢！以后我也要多向你学习咯！"华朵说道。

"好啊！没问题。现在你就可以开始来学习啊，说不定你也快了，得提前做好准备嘛！"表姐一边打趣华朵，一边也真的向华朵传授经验，"之前生大宝的时候，总觉得手忙脚乱的，什么都是现学，感觉还没完全学会如何照顾孩子，大宝就已经长大了，你看如今都七岁了，所以刚知道怀了小宝的时候我就开始做准备工作了。我一边总结之前照顾大宝的经验，一边向身边有经验的人请教，一边也通过网络学习。对了，医生的建议也是需要好好听取的，这个时候还得主动向专业人士请教。还有许多照顾小宝宝的经验，等你需要实践了我再慢慢一点点教给你，真的是几天几夜都讲不完。"表姐如数家珍似的给华朵传授着经验，这让华朵听得津津有味。

"哇！表姐，你懂的可真多！"华朵佩服地连连点头称赞着。

帮助准父母了解正确的育儿知识
分享更多育儿小技巧

Q 婴儿洗护

"呵呵，这还不是为了更好地照顾我的宝贝们而学的呗。你现在也可以在闲暇时逛一下与婴幼儿喂养相关的网站啊，早点儿做准备嘛。那些网站都系统地介绍了各年龄段婴幼儿的育儿知识。另外，也可以通过关于婴幼儿喂养与起居的手机 app 了解相关信息，有些 app 还提供了宝妈宝爸们交流经验的平台，可以互相咨询。宝妈宝爸们不仅能够浏览其他人分享的信息，也可以自己上传信息，与他人分享自己的育儿经验。而且，我通过那些 app 分享的时候，还会比较注意自己上传信息的真实性，以免误导了他人。总之，相较于网页信息，手机 app 的使用更加方便、灵活、有趣。微信、微博等，也可以帮助获取婴幼儿喂养与起居的相关信息。"华朵表姐向华朵积极地介绍着。

"哎呀！表姐，人家这里八字还没有一撇呢！"华朵有些害羞地回道，不过在心里却牢记了表姐向她所介绍的那些，所以又追问道，"表姐，听说现在小孩都讲究早教，你有没有给小宝宝准备啊！"

"早教对于他来说还早呢！不过我还是了解过了的。"说着表姐又打开了话匣子："早教资源的获取和婴幼儿知识的获取大体是相同的。我先通过搜索引擎了解早教的基本信息，包括早教的重要性、适合的年龄阶段等。其次就是如何实施了，早教的方法与技巧、早教资源的获取可以通过搜索引擎查找。通过对比挑选，我选择了几个专门网站并长期关注。此外还可以通过提供早教资源的手机 app，以及相关的微信公众号和微博等获取早教资源。"

纸尿裤 婴儿湿巾 护臀油 宝宝霜 婴儿抚触油 新生儿连体衣 沐浴盐 纸尿裤更换台 宽口奶瓶 指甲锉

"看来，我以后要学的还有很多啊！"华朵听完表姐的分享后感慨道。

"哈哈……确实有得学呢！不过，你今天种种言行表明，这是有情况了？"表姐一副坏笑地问道。

"就是，就是我有男朋友了嘛！"华朵在表姐高压的目光之下一改往常的直率，略显羞涩地向表姐老实交代了。

"谁？是何方神圣能够获得我们华大小姐的青睐啊？是公司同事？以前同学？还是相亲认识的？"一听华朵有了男朋友，表姐就激动地问出了连串问题。

"都不是啦！他是我外出旅游时遇见的，是一位生物学博士。"

"我们华大小姐就是厉害，男朋友还是博士，我呀！这辈子是没机会了。"表姐两眼放光地投来了无比羡慕和惊讶的目光。

"你哪儿没机会啊？大宝和小宝说不定以后还是博士后。"

"那必须的嘛！他们可是遗传了我所有的优秀基因哦！不过现在我怀着小宝，就没那么多精力照顾大宝，辅导大宝学习了，这可是一个问题呢，我都正愁着。问问你家博士有没有什么秘诀，也传授下经验呀！"

"能有啥秘密啊，就是努力呀！而且现在网上也有很多的免费教育资源，你可以上网找找。"

"现在正好有空，这段时间我也没什么其他事，正如你说还要多学习。要不你帮表姐找找看？"就这样，华朵和表姐两人开始了一轮网络大作战。

"首先可以通过搜索引擎查找一下，比如直接用关键词'儿童教育资源'，也可以只检索视频。我觉得比较重要的是可以关注一下儿童教育方面的专门网站，系统地学习。你看这个国家中小学智慧教育平台，它的主办单位是国家教育部，说明这里面的资源是官方的、权威的，里面有小学阶段甚至是初中、高中阶段的学习资源，课程教学、课外服务都有的……"华朵根据自己平时上网搜集资料的步骤，也大致向表姐讲述了一番怎样获取免费的儿童教育资源，"而且，你家附近不就是市图书馆嘛！儿童也可以去里面学习的。"

"我还真没去过那个图书馆，要不哪天你陪我去看看。"

"好啊！要不就下周末，你有没有时间？"

"行，那就下周末咯！"

"孩子的问题差不多都能解决，你自己呢，以后怎么打算啊？"

"等小宝出生后，稍微长大一些，我就再去找一个工作，但是又希望能多点时间陪在孩子的身边，所以应该不会再做空姐的工作了。我只是专科毕业，学的又是空乘专业，也没有其他的知识和经验背景，想找一个其他工作也比较困难。"

"就说你 OUT 了嘛！我妈都知道活到老学到老呢，你不知道自己学吗？"

"学？说得简单，我就一个专科生，心有余而力不足啊！况且上学还得去学校，我还想多点时间陪我家两个宝宝，哪来的那么多时间啊！我又不会分身。"

"说你 OUT，你还不承认，你不是知道网络很强大吗！学习哪还一定要去学校！网上也有很多免费的课程，而且学完以后还可以进行课程认证。"

"真的呀！那你赶紧教教我。"

"我们找教育资源嘛，首先想到的肯定是教育部这种权威机构提供的咯！我以前听大学老师介绍过，有一个爱课程网（http：//www. icourses. cn）。你看，这里面都是各个大学的精品开放课程，板块还挺丰富的，有'视频公开课''资源共享课''中国大学 MOOC''中国职教 MOOC''在线课程中心''学习社区'。我们可以在这里面查找自己想学习的课程，或者找某个高校开设的课程，自己安排时间学习，不懂的地方还可以重复观看，或者向老师提问，还有相关课程作业需要完成，学完课程以后便可以申请课程认证。"华朵进入了爱课程网后，一边操作一边向表姐介绍着，"还有一个网站叫'国家高等教育智慧教育平台'（https://higher. smartedu. cn/）也值得关注，它汇集的课程资源较爱课程网更广一些。除了在网上学习，也可以去图书馆借阅图书回来学习，这个就等下周我们一起去图书馆再慢慢说。"

听了华朵的介绍，表姐顿时感觉生活又充满了希望："你真是我的福星呀！帮我解决了这么多问题，我该怎么感谢你呀？"

"感谢就算了吧，谁叫你是我最亲爱的表姐呢！"华朵与表姐相视一笑。

知识加油站

MOOC

MOOC（慕课）是 Massive Open Online Course（大规模在线开放课程）的缩写，是一种任何人都能免费注册使用的在线教育模式。任何人都可以在这里免费获得更优质的高等教育。MOOC 有一套类似于线下课程的作业评估体系和考核方式。每门

知识加油站

课程定期开课，整个学习过程包括多个环节：观看视频、参与讨论、提交作业以及穿插课程的提问和终极考试。课程由各校教务处统一管理运作，高校创建课程指定负责课程的老师，老师制作、发布课程，所有老师都必须在高等教育出版社爱课程网实名认证。每门课程有老师设置的考核标准，平时的课程学习会有作业，课程结束后也会进行课程考核，当学生的最终成绩达到老师的考核分数标准，即可免费获取由学校发出主讲老师签署的合格 / 优秀证书（电子版），也可付费申请纸质版认证证书。获取证书，意味着学生达到了学习要求，对这门课的内容的理解和掌握达到了对应大学的要求。他（她）也可以骄傲地将通过了这门课的事实写在其简历中。

查寻婴幼儿喂养与起居信息的网站举例：

　　【中华人民共和国国家卫生健康委员会　妇幼健康司】
http://www.nhc.gov.cn/fys

【中华医学会儿科学分会】https：//cps. cma. org. cn

【中国营养学会】http：//www. cnsoc. org

【中华儿科杂志】https：//zhekzz. yiigle. com

【国家孕婴网】https：//www. gjyunying. com

【39 健康育儿频道】http：//baby. 39. net

获取早教资源的网站举例：

【中国幼教网】https：//www. chinayoujiao. com

【宝贝宝贝网】https：//www. baobeibaobei. com

【太平洋亲子网】https：//www. pcbaby. com. cn

获取儿童教育资源的网站举例：

【中国儿童中心】https：//www. ccc. org. cn

【国家中小学智慧教育平台】https：//basic. smartedu. cn

【清华大学儿童认知研究中心】https：//www. tsinghuakidlab. com/cn

【小学资源网】https：//www. xj5u. com

【儿童资源网】http：//www. tom61. com

3

"表姐，这一周感觉没多久啊，觉得你的肚皮又鼓起来好多呢！"华朵按约来到表姐家，准备和表姐一起去表姐家附近的市图书馆。

"呵呵，小宝很乖，我也没有什么很严重的孕吐症状，不像那时候怀着大宝可辛苦呢！我们现在就出发吗？"

"一会儿吧，我们在去之前，可以先登录市图书馆的官方网站，初步了解它的基本概况。"说话间，华朵就已经用手机进入了图书馆的网站首页，"表姐，你看，这个官网里面信息还挺多的，有对图书馆各方面的介绍，通过这个官网，不去图书馆都能了解图书馆啦。"

"是哦，那我们先在网站上具体了解下，再去图书馆实地参观吧！"

"好啊！现在各种机构都有官方网站，大家在家就可以了解。我们先看一下图书馆的基本概况吧。这里是'入馆须知'，点击进入。我看看……它说，进图书馆大门的话，使用读者证，或身份证、社保卡等有效证件都可以。但是，如果要进入一些借阅区，特别是要把图书借回家的话，那还是需要办理读者证的。嗯！我知道，一般的公共图书馆甚至社区图书馆都需要读者证的。这个页面的右侧还有别的介绍，先看'办证指南'吧……需要身份证等有效证件就可以办理了。还有少儿借阅证需要户口簿或出生证才能办理，这个待会儿记着把大宝的带上吧。读者证有不同的类型，有不一样的办理标准和不一样的使用范围，有可以外借的，还有只能阅览的，还有儿童专用卡、长期固定使用的和临时的……"

"以前都是带她去书店，这图书馆原来这么齐全，等我们去具体看看再决定办哪种证吧！"

"嗯，好的。我们再看一下'开馆时间'。图书馆里面是分区域的，各个区域都有特定的名称和功能用途，这里详细介绍了各个区域的功能用途、楼层分布以及开放时间。接下来是'读者须知'，这里面介绍了书刊外借规则、借阅违规处理办法、随书光盘数据库使用办法和图书馆的示意地图，都可以仔细看看。'楼层分布'里更加具体地介绍了各楼层的情况，以及各楼层有关借阅的更为详细的读者须知。'服务介绍'是对图书馆开设的具体服务项目的详细介绍。还有'无线网络'，这里介绍说图书馆内已经多处覆盖了免费 Wi-Fi 啦！最后是'交通指南'，你家离图书馆那么近，我们就不需要关注了吧。"

"难道各个图书馆的服务还不一样呀？我们社区也有社区图书馆，不知道一样吗？"

"各个图书馆的服务可能会不同，特别是大型公共图书馆和社区图书馆之间的信息服务类型应该是存在差距的，例如，是不是都提供**参考咨询服务**、**馆际互借服务**、**科技查新服务**，那要根据**图书馆类型**、办馆条件等而定，但书刊的**外借服务**和**阅览服务**这些图书馆最基本、最普遍的读者服务，各个馆都是有的。"

"嗯嗯，其实说到书刊，我看这图书馆里面收藏了那么多类型的文献，比如我们最常说的图书与期刊、报纸等，利用它们，我们能分别获得什么样的信息呢？"表姐继续追问道。

"这个嘛，这么说吧，图书呢，多是作者围绕某一问题或者一个主题展开论述或叙述，书中的知识较系统、较全面，也较成熟，比如你读大专时用的教材就是图书嘛。而期刊通常是对众多作者知识创新的汇集，它是定期出版的，比如，月刊、双月刊、季刊，短的还有半月刊甚至旬刊、周刊，长的也有半年刊，每一期里面刊登了不同作者的文章，所以内容丰富、反映的信息更及时，就像你经常阅读的《青年文摘》。你们可能更习惯于把期刊叫作'杂志'。报纸的特点，你应该很清楚哟，它主要是针对现实生活中的新闻、重大事件等方面的报道，陈述、告知性意味更强。总体而言，报刊相对于图书来说，特点很多，比如，出版周期短、发行速度快、时效性强。"

"原来是这样，我呢，以前对它们之间的区别只是有个比较模糊的概念，过去我们读大专，主要是学课程。虽然有时也去学校的图书馆，但只是到那里去上自习而已。你这一说，让我一下就清楚多了。"

"市图书馆，与你们学校的图书馆还不完全一样。省、市、区（县）的图书馆，属于公共图书馆，就是说，它的服务对象是普通公民，从儿童到成人，所有城乡居民都可以进去。它的服务，除了提供文献外借、阅览服务这些服务以外，还会开展很多文化活动，比如展览会、报告会、讲座、电影、音乐会等。另外，它还为偏远地区的读者开展流动图书车服务，为老年人、儿童和残疾人提供专门服务。很多公共图书馆还设有视障阅览室，配备盲文图书或专门的语音读屏软件，为盲人或视力不好的读者提供服务。这些读者可以在电脑上用语音读屏软件，或直接用'听书郎'听电子书。我前段时间还看到了一条报道广东省立中山图书馆开展服务的新闻，他们定期为残障电影爱好者及失明体验者开展'心聆感影'的口述电影服务，帮助残障人士平等地获取更多的公共文化资源。这些服务真是太好了！"华朵诲人不倦地介绍着。

"嗯嗯，感觉图书馆提供的服务都挺人性化、挺全面的嘛！朵儿，我对图书馆提供的那个数字资源比较感兴趣，那个是不是在家里就能利用？"

"图书馆提供的数字资源在'登录数字图书馆'这个链接的网页中，这里面有很多外购的**数据库**，譬如'中华连环画''国学宝典''万方视频''博看期刊''独秀学术搜索''CNKI中国期刊全文数据库'等。读者不仅可以在图书馆的局域网内访问，也可以远程访问。也就是说，读者可以在家里检索馆藏书目和数字资源，或完成网上预约、续借等手续。"华朵一边浏览着图书馆网站的网页内容，一边细细地向表姐讲述着她浏览后所了解到的图书馆服务信息，"我们读者可凭读者证免费申领网上读书卡，通过网上读书卡的账号、密码，便可在馆外利用互联网访问图书馆数字资源……"

知识加油站

参考咨询服务指针对读者提出的有关工作、学习或日常生活中遇到的疑难问题，图书馆参考馆员利用参考工具和有关文献，帮助读者查寻或直接为读者提供相关文献、文献知识或文献获取途径的信息服务方式。

参考咨询服务的主要形式有：当面咨询、电话咨询、虚拟参考咨询（即以网络为基础，通过 FAQ（常见问题解答）、电子邮件、在线聊天等同步或异步的方式，解答读者咨询）。

——柯平．信息检索与信息素养概论．2 版．北京：高等教育出版社，2015.

（参见"旅游出行篇"第 3 节的知识点"信息咨询服务"。）

馆际互借服务

馆际互借服务是图书馆之间根据有关协议，相互利用对方馆藏以满足本馆读者需求的文献外借服务方式。例如，小李想借某种书，如果他附近的图书馆没有收藏这本书，那么，该馆就可以通过馆际互借服务，帮小李从其他图书馆（譬如国家图书馆）借出他需要的图书。

馆际互借除在一个国家的各图书馆之间开展外，也可在各国

知识加油站

之间开展，称为国际互借。

馆际互借是图书馆间资源共享的一种重要形式。其中，**文献传递服务**多被视为馆际互借服务的发展和延伸。

——柯平．信息检索与信息素养概论．2版．北京：高等教育出版社，2015．

文献传递服务

文献传递是一种非返还式的文献提供服务，具有快速、高效和简便的特点。主要通过复制、拷贝或扫描原文献，然后采用邮寄、传真或电子邮件等方式，将用户所需的文献复制品以有效的方式和合理的费用直接或间接传递给用户。

——中国大百科全书出版社．中国大百科全书（第三版网络版）情报学卷．https：//www.zgbk.com/ecph/words?SiteID=1&ID=81169&Type=bkzyb&SubID=47194．

科技查新服务

科技查新服务是为科学研究人员提供的一项信息服务。它针对某一特定研究课题，收集国内外公开发表的相关文献，结合必要的调查研究，对有价值的文献进行综合分析，并与课题特定对

知识加油站

比，以审查其新颖性，在此基础上，写出有根据、有分析、有对比、有建议的查新报告。

——柯平.信息检索与信息素养概论.2版.北京：高等教育出版社，2015.

查新与单纯的信息检索（文献检索）不完全相同。承担科技查新的机构一般需具有专业资质；对查新结果的准确性、全面性有严格要求；要对被查课题进行分析和评价；最后还要出具一份查新报告（证明书），这份查新报告可以为科研项目的立项以及科技成果的鉴定、评估、验收、转化、奖励等提供客观、可靠、权威的文献依据。

图书馆类型

1974年国际标准化组织颁布的《国际图书馆统计标准》[ISO 2789—1974（E）]将图书馆分为国家图书馆、高等学校图书馆、其他主要的非专门图书馆、中小学图书馆、专门图书馆和公共图书馆六种类型。在我国，一般按行政隶属关系并结合其他标准将图书馆分为国家图书馆、公共图书馆、高等学校图书馆、科学和专业图书馆、中小学图书馆、工会图书馆、军事图书馆等类型。

——柯平.信息检索与信息素养概论.2版.北京：高等教育

知识加油站

出版社，2015.

外借服务

外借服务是图书馆允许读者通过办理必要的手续后将馆藏文献携出馆外，在规定的期限内享受自由使用的权利并承担保管义务的服务方式。

——柯平.信息检索与信息素养概论.2版.北京：高等教育出版社，2015.

外借服务可通过预约借书、**通借通还**等服务方式，更为方便、更加人性化地满足读者需求。

通借通还

通借通还指持有图书馆"一卡通"的读者在联网馆可享受统一标准的服务，可在任意一家联网馆借阅相关图书，同时也可以在设有通还服务的联网馆实现异地还书。

阅览服务

阅览服务是图书馆提供阅览室及相关设备，供读者利用文献

知识加油站

的一种服务。阅览服务可划分为闭架阅览、半开架阅览、开架阅览，其中的开架阅览是图书馆阅览服务的主要形式。

——柯平.信息检索与信息素养概论.2版.北京：高等教育出版社，2015.

闭架与开架的主要区别在于图书馆是否允许读者亲自在书架中去自由地挑选文献。

数据库

数据库是计算机可读的、有组织的相关信息资源的集合。在数据库中，将文字、数据、符号等用二进制编码的方式表示，按一定的数据结构，有组织地存储在计算机中，从而使计算机能够识别和处理，用户也可按需从中检索到自己所需要的信息。构成数据库的元素可以是文学、艺术、音乐等作品，也可以是文字、音像、图像、数字、事实等材料。

——柯平.信息检索与信息素养概论.2版.北京：高等教育出版社，2015.

数据库的类型繁多，譬如期刊论文数据库、报纸数据库、学位论文数据库、专利文献数据库等，还有专门的数值数据库、指南数据库、术语数据库、图像数据库。国内，用户量较大的综合

知识加油站

性信息资源数据库产品如 CNKI（中国知网，https：//www.cnki.net）、维普网（http：//cqvip.com）、万方数据知识服务平台（http：//wanfangdata.com.cn）、读秀学术搜索（https：//www.duxiu.com）等；国外如 Web of Science（https：//webofscience.clarivate.cn）、SpringerLink（https：//link.springer.com）等。

通过这些数据库，用户根据需要，输入标题、作者、关键词或其组合项，就能快捷地检索出所需信息。

4

通过官方网站，对图书馆有了大致了解以后，华朵和表姐便带着大宝来到图书馆一楼大厅开始了"实地考察"。

"小姨，这图书馆里有这么多书，我都不知道该看哪一本了！嗯……这里有'十万个为什么'吗？我同桌有几本，可好看啦！"在办完读者证后，刚走进图书馆，面对成千上万的图书，大宝就对这到处都是书的世界充满了好奇。

"嗯？你这小妮子不错啊！一来就想着找书啦。"夸奖完大宝，华朵随即又叮嘱大宝，"不过，在图书馆里面我们应该要尽量保持安静，即使说话也应尽量小声些，以免打扰其他读者，知道了吗？"

"嗯嗯，知道啦！"大宝便立马捂着小嘴点点头，又左右张望后，靠近华朵，小声地继续追问道，"那这里有'十万个为什么'吗？怎么去找呢？"

"虽然你小姨我以前只在大学里去过学校图书馆，但根据在市图书馆官网上的了解，我发现这公共图书馆和学校图书馆很多都是类似的。这样，我们去问问旁边的图书馆员好不好啊？"

"小朋友啊，来图书馆找书，首先可以利用这里面的电脑或者你妈妈的手机，在图书馆网站中的 <u>OPAC</u> 也就是'书目检索系统'里进行检索。"一位身着图书馆馆服的女士热情地介绍起来。

"在哪里检索？"表姐也凑过来，好奇地问道。

"应该就在图书馆官网首页啊！"华朵立马拿出手机进入市图书馆的官网（图 6-1），一边示意给表姐看，一边又继续介绍着，"你看，这首页中较为醒目的书目检索框就是了。"

图 6-1　某市图书馆的 OPAC 检索界面

"OPAC 中有多种**检索途径**。比如，题名检索途径，就是输入书名、刊名、报纸的名字来查找你要的书刊，当然，前提是你必须知道题名是什么，起码要大致知道它们的名字吧！还有**分类检索途径**，著者检索途径，**主题词**、关键词检索途径。另外，还可以通过 <u>ISBN/ISSN</u> 号进行检索。小朋友，你要找什么书啊，阿姨给你在电脑上演示一遍好不好？"

"'十万个为什么'。"大宝认真地说。

"好的。要找'十万个为什么'，我们就在这里选中'题名'，然后在检索框中输入'十万个为什么'，点击'检索'执行。在检索结果页面中，我们可以看到有成百上千条题名为'十万个为什么'的相关资源记录，其中有图书，也有期刊，还有音像资料。在检索结果的每条记录中，都有具体的馆藏信息。"图书馆员选择附近的一台电脑，为大宝做了演示。

"但是我发现每条记录中的详细信息中并没有这本书的内容介绍，我们怎么知道在这么多的'十万个为什么'中，哪些是比较好的呢？"表姐又犯了愁。

"这个……在这里，表姐你看左边！"华朵指着屏幕（图6-2），压抑住兴奋，小声地叫道，"还可以按著者来进行筛选呢！你看，韩启德总主编的，行不行？最近电视上好像提到过韩启德这个名字，还是个院士，所以，他编的书应该比较权威吧！"

图6-2 "十万个为什么"丛书的检索结果页面（题名检索途径）

"您说的对，这套书的确质量很好，小朋友们都喜欢。"图书馆员边说边操作，随即，韩启德总主编的"十万个为什么"便呈现在了屏幕上（图6-3）。

图6-3　"十万个为什么"丛书的二次检索结果页面
（点击图6-2左侧"著者"栏中的"韩启德总主编"之后）

　　"我看看，"表姐连忙凑近看了看，"这么多啊！医学、动物、植物、海洋……哦，这套书是少年儿童出版社出版的。"

　　"对呀，这个出版社也是权威的。"图书馆员说。

　　"嗯，就选这套书了。"表姐点点头。

　　"阿姨，我要看《医学》那一本。"大宝在一边已经迫不及待了，她从小就想当个白衣天使。

　　"好的。不过，我先要看一下这本书有没有被别的小朋友借走。"图书馆员点击"馆藏信息"按键，打开了这本书的馆藏信息页面（图6-4），"你运气好啊，小朋友，这本书'在馆'，你可以去借。对不起了，我去问问那位老大爷需要什么帮助！"馆员转身迎向了一位拄着拐杖的老年读者。

图 6-4　《十万个为什么·医学》一书的馆藏信息

"谢谢阿姨！"大宝有礼貌地向馆员道谢后，又转向华朵，"可是小姨，那我们现在该往哪儿走啊，到哪里才能找到这本书呢？"前面馆员阿姨、小姨和妈妈说的一大堆，大宝没怎么听懂，但是唯一听懂的是这里面有她想看的"十万个为什么"，因此，立马心急地又询问起来。

"大宝，要知道，图书馆的书刊是有很多很多的，所以它们的摆放都是有规则的。"华朵细细地向大宝讲解起来："大宝想想，你平时是如何摆放你的书的？"

"我的课本是按照学期摆放的，其他课外书是按大小……"

"对的，很多人都有自己的排放规律，其实这就是有一定的分类思想在里面了。相对来说，一般人家中的书是有限的，所以，按自己的习惯摆放就行了。但是，图书馆的书特别多，比如，我们这个市图书馆，就有几百万册藏书，如果这些书的排放没有科学的规律，没有一个原则，那么可想而知，成千上万有着各自习惯的读者去找书的时候，会是什么样子了。想知道图书馆怎么放书的吗？自己去问问服务台的馆员阿姨好不好啊？"

大宝听完小姨的建议，便快步走向服务台，"阿姨，我家的书少，随便放一下也可以找得到，图书馆里这么多书是怎么放的啊，能给我讲讲吗？"看着大宝踮起小脚丫，扒着服务台那个滑稽劲儿，华朵和表姐都忍不住笑了。

"小朋友，图书馆的图书都会按照某一种**分类法**进行分类、编目以后上架，让图书按照一定的科学体系井然有序地排列在书架上。而人们找书时，也同样按照这个规律来查找。具体来讲，在图书馆里，图书在书架上是按分类法排列的，那么读者要在图书馆这个书的海洋里找书时，也就得按照分类途径来进行检索。"馆员走近旁边的资料架，拿了两份宣传资料给华朵和表姐看，"这是关于分类法体系的介绍，你们可以看一下"。

"朵儿，你看，这上面都写着呢——在我们国家，使用最为广泛的分类法是**《中国图书馆分类法》**，简称《中图法》。《中图法》分为 22 个大类，大类下面又再细分出不同级别的类目，有的细到 8、9 级，这样，每种书都可以根据内容归入相应的类别中，得到一个分类号。"华朵边看，边读给大宝听。

"小朋友，你要找什么书？阿姨给你介绍一下。"

"'十万个为什么'。我同桌有好多本呢，但是我只想看那本医学的。"大宝应声答道，"刚才一位阿姨帮我们在电脑上查到了，有这本书，但我不知道它放在哪里呀？"

"那你刚才注意到电脑里显示的'馆藏信息'中的'**索书号**'

这几个字没有？"阿姨问道。

"我没有啊！我都不懂什么是索书号这些。"大宝着急地回答。

"哦，是这样的。图书馆的每本书都有索书号的，它可以帮助我们很快定位图书在书库和书架上的位置。我给你讲讲索书号吧！你刚才在电脑里看见了，'十万个为什么'是一套丛书，包罗万象，一共有不同主题的十多种书，什么医学、动物、植物、海洋、天文啊……为了照顾小读者们的阅读习惯，方便孩子们能够一下子找到这一整套丛书，《中图法》特别规定，科普性丛书或专门为少年儿童编写的丛书，都按照整套书进行集中分类标引。也就是说，在分类时，对这十多种书中的每一种书，都标引成同一个分类号，比如这个，Z228.1。但是，你们知道，这套书中毕竟有十多个不同主题的书啊，这个时候，为了让每种不同主题的书能够有所区分，图书馆员就得再按照一定的规则，给它们各自加上一个区分号。你看，Z228.1斜杠后面的数字就是区分号。最后，分类号与区分号组合在一起，就构成了每种书独有的身份标识，这就是索书号。看嘛，《十万个为什么·医学》是Z228.1/907-6/（7），《十万个为什么·航空与航天》的索引号是Z228.1/907-6/（2），《十万个为什么·动物》是Z228.1/907-6/（1）……根据索书号，我们就可以找到每种书在书架中的准确位置。"馆员半蹲着给大宝介绍起来。

"小姨，大宝听不太懂啦！好复杂！"大宝挠着头，一脸问号。

馆员阿姨有些不好意思了，连忙又解释说："索书号呢，是表明文献在书架上排列位置的号码，就相当于每种书的地址，和我们每家每户都有的具体地址一样。每家有了地址，快递叔叔们才能将我们在网上买的东西送到我们家门口。同样，每种书有了索书号，我们才能根据这个索书号去找到它存放的地点。小朋友，你再来看一下电脑里的信息。《十万个为什么·医学》的索书号就是这个，Z228.1/907-6/（7）。我们再点开'馆藏信息'，这本书的馆藏状态是'在馆'，馆藏地点是少儿阅览室。"

"我看了楼层分布介绍的，少儿阅览室在二楼，那么我们现在应该去二楼。走吧。"华朵说着，便率先往二楼走去。

"小姨，你等一等大宝嘛。"表姐和大宝紧随其后。

……

"就是这个阅览室了。现在，我们要去找标有字母'Z'的书架，然后再找到标有'Z228.1/907-6/（7）'的图书就是啦！大宝，剩下的这些你能独自去完成吗？"

"这个太难了啊，我只能试一下。不行的话，这里的阿姨肯定会帮我找到的。"说完后，大宝便信心十足地迈进了阅览室。华朵和表姐则在大宝后面跟随着，顺便继续小声地聊着天。

"要弄懂图书馆里图书的放置规则还真不太容易呢！今天要不是你啊，估计我还带着大宝在这里面瞎转悠呢！"表姐对着华朵感叹道。

"不会的，表姐。即使我们自己不懂怎么在图书馆里找书，我们可以向这里的工作人员进行咨询嘛！她们可是这里的专家啊！"

"是呀！你说我怎么连这种最基本的办法都不知道用呢！"

"哈哈，你一心都扑在孩子身上了，还能知道啥！"华朵与表姐低声说笑着……

知识加油站

OPAC

OPAC 即联机公共检索目录（Online Public Access Catalogue），也称为"书目检索系统""馆藏资源检索系统"等。它是图书馆藏书及其他文献的计算机目录。OPAC 包括馆藏目录和联合目录两种，馆藏目录揭示的是某一图书馆的馆藏，联合目录揭示的是两所或两所以上图书馆的馆藏。

——柯平.信息检索与信息素养概论.2版.北京：高等教育出版社，2015.

譬如，如果要想知道这个图书馆里有没有某种书、某种期刊或报纸，只需在图书馆的 OPAC 中进行检索就能知晓。

需要注意的是，OPAC 一般只揭示到文献的出版单元层次，而不能深入文献的知识内容。比如，它能告诉你，某个图书馆是否收藏了韩启德主编、少年儿童出版社出版的"十万个为什么"，

知识加油站

但它不能显示书中的具体内容。如果你要阅读这套书中的具体内容，那得通过 OPAC 提示的索书号等信息，去书库或阅览室找到纸本的图书；或者，你也可以到超星电子图书（http：//www.sslibrary.com/）等图书类数据库中试一下，看能否找到它的电子版。

对于期刊来说，同理，OPAC 能够告诉你，某个图书馆是否收藏有《课堂内外：初中版》2021 年第 6 期。但如果你想阅读这期杂志里的具体文章，那就需要根据它的索书号 G6/S，到 OPAC 提示的阅览室里阅读其纸本。如果你希望阅读电子版，那也可以到 CNKI、万方数据知识服务平台、维普网等收录有电子期刊的数据库中查寻这本期刊刊载的文章全文。

检索途径

检索途径即检索的入口。检索途径是与信息特征和检索标识相关的。归纳起来，有两类检索途径：一是反映信息内容特征（分类号、主题词）的途径，二是反映信息外部特征（文献题名、著者、机构名称、信息代码如 ISBN 号等）的途径。

——祁延莉，赵丹群.信息检索概论.北京：北京大学出版社，2006.

知识加油站

检索途径的产生与信息组织工作直接相关。（参见"社交通信篇"第 1 节的知识点"信息组织"。）

针对信息呈现的内容特征与形式特征，信息工作人员进行信息组织时，会分别对信息的内容与形式特征加以揭示与描述，从而将无序的信息转换为有序的信息集合（如图书馆的 OPAC 系统）。这样，这个信息集合也就相应地具备了可以从不同角度进行检索的多种检索途径。

分类检索途径（分类途径）

分类检索途径（分类途径）是把文献信息所属的学科（专业）类别作为**检索途径**（参见"子女育教篇"第 4 节的知识点"检索途径"）从信息检索系统中检索文献信息的检索方式。分类检索需依据特定的学科分类体系（如《中图法》）里提供的相应分类号来进行检索。如果想对某一学科或领域的文献做比较全面的了解，可以从分类途径进行检索。

——柯平 . 信息检索与信息素养概论 . 2 版 . 北京：高等教育出版社，2015.

例如，我们想查阅某个图书馆收藏的所有水生生物学方面的图书，就可以先在《中国图书馆分类法》中查得"水生生物学"的分类号"Q17"，然后在该图书馆网站的 OPAC 中选择"分类号"

知识加油站

这一检索途径，输入"Q17"，即可检出该馆所有的水生生物学图书（图6-5）。

图6-5　某图书馆"水生生物学"类图书的检索结果页面（分类检索途径）

当然，也可直接到图书馆书库或阅览室中，按照书架标志或书脊上的索书号，找到索书号中含有"Q17"的所有图书。表6-1是其中一部分图书的基本信息：

表6-1　图书及索书号

索书号	图书
Q17/5-2	《水生生物学》赵文主编
Q178/1	《漫游海洋水族宫》赵曾春，文武编著
Q178.53/6	《海洋生态很奇妙》张伟华主编
Q178.53/8	《海底生物之最》阮宣民编写
Q178.53/14	《触目惊心的海洋毒物》屠强编著
Q178.53/25	《话说中国海洋生物》郑家声、罗艳、朱丽岩、刘云编著
Q178.53/29	《富饶的盐水湿地》帕姆·沃克、伊莱恩·伍德著，崔岚译
Q178.533-49/1	《深海奇珍》克莱儿·露芙安著，洪萍凰、李雅媚译
Q179.4/1	《解码水下生物》王可编

知识加油站

 主题词

主题词有广义与狭义之分。广义的主题词包括标题词、元词、叙词、关键词。狭义的主题词，仅指叙词，是经过规范化处理的、代表文献信息内容特征的词语或术语。

OPAC 中的主题词，一般就是经过规范化处理的主题词，即叙词。这里所讲的规范化处理，通俗地讲，就是图书馆员根据专门的主题词表，把反映文献主要内容特征的那些自然语词，按照一定的规则，转换成主题词表中列有的相应的规范词。相比自然语词，这种规范词能够更准确全面地揭示出信息的内容特征，同时也就能更好地保证信息检索的查准率与查全率。

我国第一部大型的综合性的主题词表是《汉语主题词表》。

主题词检索一般在比较专业的数据库中使用，而在较为大众化的搜索引擎中，多采用**关键词**（参见"购物消费篇"第 1 节的知识点"关键词"）检索。

（参见"健康养生篇"第 4 节的知识点"主题法"。）

 主题词与关键词的区别

二者看似相似，实际上区别较大。一般来说，主题词是经过了规范化处理的检索语言，它对文献中出现的同义词、近义词、

知识加油站

多义词以及其他的一些相关概念进行严格的控制和规范，每个主题词都含义明确，因而提高了检索的准确性与全面性。比如，输入"土豆"，除了可以检出关于土豆的文献之外，同时也能检出关于洋芋、马铃薯（"土豆"的同义词）的文献。

而关键词是属于自然语言的范畴，所用词汇不经过规范化处理，即不受主题词表的控制，因而使用方便简单，但是，其检索效果一般逊于主题词检索。

ISBN

ISBN 即国际标准书号，是图书的出版物代码，一般印在图书题名页的背面、版权页或封底的下部。ISBN 是国际统一图书编号制度，每一种图书的 ISBN 都是唯一的，不存在重复的问题。ISBN 由一组冠以 978 的 13 位数字组成：前 3 位数字 978 代表图书，中间的 9 位数字分为 3 组，分别代表国家或语种、出版社代码、图书号码，最后 1 位数字是校验码。

ISSN

ISSN 即国际标准连续出版物编号，其作用同 ISBN 类似，是为在国际范围内发行的每种期刊、报纸、年鉴等连续性出版物分配的唯一代码。ISSN 由 8 位数字组成，分前后两段，每段 4 位数，

段间以 "–" 相连接，最后 1 位数字为校检号。

利用 ISBN、ISSN，可以准确、快捷地识别出某种图书或连续性出版物的名称及出版单位等。因此，它们也常被作为一种**检索途径**（参见 "子女育教篇" 第 4 节的知识点 "检索途径"），方便用户在图书馆书目检索系统（OPAC）中快捷地查找到某种具体的图书、期刊、报纸或年鉴。

在我国，公开出版的报刊同时还配有 CN 号（国内统一连续出版物号）。如《读者》杂志的 ISSN 号为 1005–1805，CN 号为 62–1118/Z。

分类法

本书中的分类法，特指信息分类法、文献分类法或图书分类法。有广义与狭义之分。

广义的分类法是指关于分类的理论与方法。

狭义的分类法又称分类表，是按照类目之间的关系组织起来的，并配有一定标记符号的类分文献信息的一种工具。分类法以学科分类体系为基础，能够按学科或专业集中、系统地揭示文献信息，反映类目之间的从属（等级）、并列、同一（等同）、相关等关系。著名的分类法有《中国图书馆分类法》和《杜威十进

知识加油站

分类法》等。

——马张华．信息组织．2 版．北京：清华大学出版社，2008.

——柯平．信息检索与信息素养概论．2 版．北京：高等教育出版社，2015.

（参见"购物消费篇"第 2 节的知识点"信息分类"。）

《中国图书馆分类法》

《中国图书馆分类法》简称《中图法》，是新中国成立后编制出版的一部具有代表性的大型综合性分类法，是当今国内图书馆使用最广泛的分类法体系。《中图法》第一版于 1975 年出版，至今已修订过四次，最新版本为 2010 年的《中国图书馆分类法（第五版）》。

《中图法》以科学分类为基础，结合文献生产实际与用户检索习惯，共设 22 个基本大类，具体如表 6-2 所示：

表 6-2　中国图书馆分类法（第五版）

A 马克思主义、列宁主义、毛泽东思想、邓小平理论	D 政治、法律
B 哲学、宗教	E 军事
C 社会科学总论	F 经济

知识加油站

续表

G 文化、科学、教育、体育	Q 生物科学
H 语言、文字	R 医药、卫生
I 文学	S 农业科学
J 艺术	T 工业技术
K 历史、地理	U 交通运输
N 自然科学总论	V 航空、航天
O 数理科学和化学	X 环境科学、安全科学
P 天文学、地球科学	Z 综合性图书

——马张华 . 信息组织 . 3 版 . 北京：清华大学出版社，2008.

基本大类又称一级类目。由基本大类直接展开的类目称为二级类目，由二级类目又可细分出三级类目……以此类推，不同级别的类目就组成了《中图法》的类目表。以下是类目表中的一个片段：

Q　生物科学　　　　　　　　　　　　一级类目（基本大类）

Q1　　普通生物学　　　　　　　　　二级类目

Q17　　　水生生物学　　　　　　　三级类目

Q178　　　　水生生物生态学和地理学　　四级类目

Q178.5　　　　水体环境分布　　　　五级类目

Q178.53　　　　　海洋生物　　　　六级类目

Q178.533　　　　　　深海　　　　七级类目

知识加油站

其中，Q、Q1、Q178.5等由字母与数字组成的编号为分类号；"生物科学""普通生物学""水体环境分布"等文字为类名。

图书馆员按《中图法》对馆藏文献进行分类、编目、排架，使图书按照一定的科学体系井然有序地排列。当读者需要按照学科知识体系来查找文献时，也同样按照《中图法》体系从分类途径进行检索。

索书号

索书号又称排架号，是表明文献在书架上排列位置的号码，通常由分类号 + 区分号构成。

分类号是图书馆员按照文献内容的学科属性及其他特征，依据分类法给出的。分类号相同的文献（譬如，分类号均为Q178.53的《触目惊心的海洋毒物》《话说中国海洋生物》《富饶的盐水湿地》《海洋生态很奇妙》《海底生物之最》这5种图书）在书架上排在一起，这就保证了同一学科内容的文献集中在一起，从而方便读者能够便捷地检全或浏览某一学科内容的相关文献。

但同时，由于上述5种书都属于"海洋生物"类，它们获得的分类号相同（即它们互为同类书），这就带来了如何进一步区分这5种书的问题。为了保证每一种书都有各自的唯一区分代码，

知识加油站

以便能够区分出同类但不同种的图书，使得同类书排列有序，方便检索与管理，图书馆就采用了在分类号后再加区分号的办法。这就是索书号的由来。

譬如，《富饶的盐水湿地》的索书号是 Q178.53/29（图 6-6），其中斜杠前面的 Q178.53 是图书馆员根据《中图法》给出的分类号，斜杠后面的 29 则是图书馆根据自定规则编制的区分号。就区分号而言，不同图书馆采用的编号方式各不相同，读者一般无须了解其编制细节。

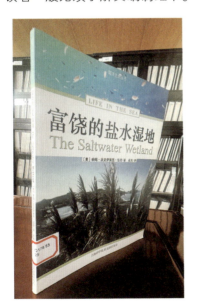

图 6-6　《富饶的盐水湿地》书脊上的索书号

5

　　杨帆的上一部小说在上个月已经完结交稿了。给自己放了一个月的假之后，杨帆是再也坐不住了。这日，她站在窗前，想着下一部小说的题材和内容。可是思绪不知怎么就飘到陶然表妹生日那天。那天，她随着陶然一起去参加派对，席间遇到了华朵和高歌。四人欢欢喜喜地认识了一番，可是陶然介绍自己的时候也只是用朋友一词来代替，这让杨帆失落了好久。这段日子，陶然对她有意思她也是看得出来的，可是要怎么才能确认一下他的心意呢？陶然是从事 IT 行业的人，要不，干脆就说自己要写一部涉及网络攻击方面的小说，让他来帮着出出主意？

　　这么想着，杨帆拿起手机，打开微信，便把陶然约到了图书馆，说要找一些网络攻击方面的论文看一看。

　　陶然一听，便热心地介绍起来："网络攻击，主要与计算机技术直接相关啊！你可以从国内的信息安全、网络安全的核心期刊入手，如果查不到或文献太少，干脆就扩大检索范围，从网络技术甚至计算机科学与技术的核心期刊入手。"

　　由于本科期间陶然曾给一位做科学评价研究的师兄打下手，听师兄讲过**信息计量学**的知识，所以这一方面他还是知道一些的。

他记得，根据**布拉德福定律**，某个学科的大量论文往往会相对集中地刊登在一定数量的核心期刊上，所以，便自信地给杨帆科普起来。

"而且相对来讲，核心期刊的文章质量要好些。"在图书馆四楼电子阅览室中，陶然打开了 CNKI 期刊数据库的界面，向杨帆推荐一些网络攻击方面的文献。

"核心期刊？我怎么知道哪些是网络攻击类的核心期刊啊？"

"我们国家有好几种中文核心期刊遴选体系，譬如北京大学的'中文核心期刊要目总览'，还有中国科学院的'中国科学引文数据库'，也就是 CSCD，南京大学的'中文社会科学引文索引'也就是 CSSCI。国外的，譬如'科学引文索引'（SCI）、'社会科学引文索引'（SSCI）。其他的，我也记不太清了。只有高质量的期刊才会被收录进这些索引或数据库。你要找的是理工类期刊，所以不用查 CSSCI 和 SSCI。哎，对了，你写毕业论文的时候难道没有用到核心期刊？"

"哎呀，我这都毕业多少年了，哪还能记得这些！你就帮我找一下嘛！"

"好好好，我帮你找。不过你要写网络攻击这个主题的话，那要认真学习一下国家最近颁布的《**网络安全法**》，不要触犯**网络安全**的红线！"

"你当我傻啊，我可是祖国的铁杆粉，你放心，我会注意的，不是还有你这个高手帮我的嘛！好了，你快帮我找找看。"杨帆撒娇地说。

"那是！我不仅知道核心期刊，我还晓得**齐普夫定律**呢，不过呀，具体内容我就不给你介绍那么多了，你一下子也吸收不了那么多知识。"

关于文献计量定律，陶然还知道，词频分布的定律是由齐普夫发现的，称之为齐普夫定律。该定律所使用的词频分析方法现已越来越多地被应用于科学评价中来。例如通过某些关键词的计量分析，可以展现整个学科领域的研究动向。

"呀，你知道的可真多！"杨帆由衷称赞道。

"你检出论文后，还可以注意一下那些论文的作者分布情况。"陶然又补充说。

"怎么个注意法呢？"

"譬如，你可以利用 CNKI 数据库提供的'分组浏览'功能，找到研究网络攻击的高产作者，也就是在这个领域发表论文数量较多的作者。这些高产作者的研究常常都有较强的连续性与权威性。高产作者的数量不会很多的，这个你放心。"

根据**洛特卡定律**，写了 n 篇文章的作者数只有写了 1 篇文章作者数的 $1/n^2$。陶然暗自高兴，自己居然还清楚地记得这些知识。

"你这建议非常好。"杨帆连连地点头道。

"但是，你要注意哟，期刊上刊登的论文都是较为前沿的知识，比较专深，不系统，尽管它能帮助你了解近年来的研究热点或最新的研究动态，但对于初学者来说可能难度偏大。所以，我建议你还是先不要忙着读期刊论文，而是最好先学习一下一些相关基础性的知识。你可以找几本图书，如教材或专著类，先看一看。相比期刊，图书上的知识更基础、更系统。"陶然继续补充道。

"那关于这方面的图书又怎么选呢？"杨帆推了推自己的大框眼镜，继续没话找话地问下去，她只是想与陶然多待一会儿。

"这个嘛，非常简单啊！不过，图书，在 CNKI、维普网、万方数据知识服务平台里可是查不到的。你要么查电子书数据库，譬如用超星汇雅电子书、读秀学术搜索，要么查纸质图书。如果要在图书馆借阅纸质图书的话，你可以在图书馆的图书馆书目检索系统中，输入'网络攻击'，或它的反义词'网络防护''网络防御'，还可以输入它们的上位词'网络安全技术'，甚至'网络安全'，等等。至于检索途径的选择，你可以先按题名途径试一下。如果检出的文献量太少，就按主题途径进行扩检吧。"

陶然说完，突然觉得有些不太对头："难道你在大学里没在图书馆借过书？"

"啊……借书啊，借过啊，老师推荐哪一本，我就借来看看。其他的我还真没关心过呢，没想到这里面还有这么多知识呢！又学到了呢，还可以这么找书，陶然你好厉害，太谢谢你了！"杨帆有些不好意思，忙岔开话题。

"跟着我来吧！我把查寻文献的方法教给你了。为了继续发挥我的余热，我今天就先帮你挑一些图书，你回去先看着吧。"

"好啊！这样能省我不少工夫呢！"杨帆便兴冲冲地跟在陶然身后，进了阅览室，不断地接过陶然从书架上取出的网络攻击与防御方面的图书。

"今天就先借这五本吧。"

"OK，为了感谢'大神'你的帮助，今天午餐我包了！我们先下去吧。"高兴之余，杨帆主动发出了共进午餐的邀请。

"那就却之不恭了。"

……

"朵儿，华朵！"表姐牵着大宝对还未走出图书馆门口的华朵叫道，"快来看，那是不是你闺密杨帆啊！以前我在你家见过的。"

"嗯？杨帆？"华朵闻声快步走出来，"在哪里？"

"那儿，不就在我前面吗？"表姐伸出手往前指了指，"咦？还跟一个小伙子一起呢，是不是她男朋友啊？"

"她什么时候有男朋友啦？"华朵正纳闷儿着，仔细一看，突然双眼瞪直，那高高帅帅的不正是她发小陶然嘛，还正与闺密杨帆说笑着。华朵心里越发纳闷儿，他俩真的在一起了？应该不会吧，杨帆不会瞒着我呀。

"要淡定，淡定，"华朵如此告诫自己。按捺下心里的好奇，她立即拿出了手机，拨通了陶然电话："陶然同学，你在哪儿啊？"

"我在市图书馆的大门口……"

"华朵，好巧呀。"杨帆向华朵招招手。

陶然转过身来，"华朵，好久不见！"华朵一行人赶上了杨帆、陶然，表姐高兴地问着好，并向杨帆挤眉弄眼地问道，"这位是？"

"扑哧！瑶瑶表姐，这是我朋友，华朵的发小——陶然！"

杨帆呵呵地回答道。

"嗯？只是男性朋友？还是男朋友？"表姐一脸八卦。

陶然和杨帆两人对视一眼，都不好意思地低下头。

"走吧，今儿表姐我做东，我们好生聚一聚。下午我们再带我家大宝去博物馆看一看。"表姐牵着大宝，招呼着大家跟着她走。

"表姐，那我就不客气啦！"杨帆本就是个大大咧咧的性格，这心里藏着事儿对她来说，真是太难受。这下，华朵也知晓了。杨帆又开心又害羞，怕被华朵开玩笑。

一旁的陶然却呆呆地看着杨帆。这段时间，他想了很多，身边这个女孩着实不错，常常摆在脸上的笑容传递给他无限的能量。"今天，不如就今天！"陶然猛然回神后，目光中转而带着某种下定决心的坚定。

"杨帆、陶然，你们快点，公交车来了。"看着两人久未跟上，华朵回头一眼，正好看见这一幕，心想"该我助攻了"，便喊了一句。

落在后面的两人方才意识到，相视一眼后，陶然郑重地道："杨帆，如果我向你伸出手，你愿不愿意跟我走？"

杨帆一时竟不敢相信一向木讷的陶然居然在向自己变向表白！"不会吧，不可能，我一定是在做梦！"一番激动的猜想后，她终于羞涩地给出了回应，"嗯！"杨帆轻轻把手放在陶然手上，小脸早已通红。陶然紧紧地握着杨帆的手，快步赶上了华朵一行。

知识加油站

信息计量学是研究情报信息（或文献情报）计量问题的学科，是在传统文献计量学及科学计量学的基础上扩展和演变而成的。它的主要内容是应用数学、统计学等定量方法来分析和处理信息过程中的种种矛盾；从定量的角度分析和研究信息的动态特性，并找出其中的内在规律。

——邱均平.信息计量学.武汉：武汉大学出版社，2007.

本书提及的布拉德福定律、齐普夫定律、洛特卡定律就是文献计量领域的著名研究成果。

布拉德福定律

布拉德福定律是由英国著名文献学家布拉德福在 1934 年发现的关于科学文献数量与科学期刊数量的关系：如果将科学期刊按照其刊载某个学科主题的论文数量，以递减顺序排列起来，就可以在所有这些期刊中区分出载文率最高的"核心"部分和包含着与核心部分同等数量论文的随后几区，这时核心区和后继区中所含的期刊数量成 $1:n:n^2\cdots$ 的关系（n>1）。

通俗地讲，就是指，某个学科的大量论文往往会相对地集中

知识加油站

在一定数量的期刊上，而其余的少量论文则会分散在大量相关期刊上。

——党跃武，谭祥金.信息管理导论.3版.北京：高等教育出版社，2015.

布拉德福定律的应用相当广泛，例如对于确定核心期刊、制订文献采购策略和藏书政策、优化馆藏、了解读者的阅读倾向与信息检索特征等方面都有一定的指导作用。

——邱均平.信息计量学.武汉：武汉大学出版社，2007.

齐普夫定律

齐普夫定律是由美国著名语言学家和心理学家齐普夫于1935 年发现的关于文献中词汇出现频率的分布规律：如果把一篇文献较长文章（约 5000 字）中每个词出现的频次统计起来，按照高频词在前、低频词在后的递减顺序排列，并用自然数给这些词编上等级序号，即频次最高的词等级为 1，频次次之的等级为 2……频次最小的词等级为 D（或 L）。若用 Fr 表示频次，r 表示等级序号，则有：$Fr \cdot r = C$（C 是围绕一个中心值上下波动的常数）。

齐普夫定律有着普遍的意义和广泛的应用。在图书馆学、情

报学、信息管理和科技管理领域内，齐普夫定律对于揭示文献信息的特征、制定信息组织的规则、组织检索文档、开展科学评价等，都有一定的理论指导意义。而在更广阔的社会领域，许多现象，诸如科学文献出版量分布、城市人口分布、地理特征分布、生物种属分布等，都普遍呈现出齐普夫分布形式或特征。

——邱均平.信息计量学.武汉：武汉大学出版社，2007.

简单来说，齐普夫定律描述的是在一种语言中，某个词汇出现的频率与它在频率排名中的位置成反比。例如，在英语中根据齐普夫定律预测的一些英语单词及其相对频率：假设频率排名第一的单词（the）出现了 70000 次，那么频率排名第二的单词（of）出现次数便应大约是"the"的二分之一，35000 次；频率排名第三的单词（and）出现次数便应大约是"the"的三分之一，23333 次；频率排名第四的单词（to）出现次数便应大约是"the"的四分之一，17500 次；以此类推。这种特定的出现频率与其频率排名之间成反比关系的现象广泛存于社会各领域中。

洛特卡定律

洛特卡定律是与齐普夫定律、布拉德福定律齐名的文献计量学三大基本定律之一。它是 1926 年美国人口统计学家洛特卡发

知识加油站

现的关于作者与论文之间的数量关系：在某一时间内，生产 2 篇文章的作者大约是生产 1 篇文章作者数的 1/4，生产 3 篇文章的作者大约是生产 1 篇文章作者的 1/9……写 n 篇文章的作者数是生产 1 篇文章作者数的 $1/n^2$；且生产 1 篇文章的作者数是全体作者的 60% 左右。

洛特卡定律可应用于反映科技成果生产状况、掌握科学论文的作者队伍等。

——邱均平.信息计量学.武汉：武汉大学出版社，2007.

《网络安全法》

《网络安全法》全称为《中华人民共和国网络安全法》，是为保障网络安全，维护网络空间主权和国家安全、社会公共利益，保护公民、法人和其他组织的合法权益，促进经济社会信息化健康发展而制定的。由全国人民代表大会常务委员会于 2016 年 11 月 7 日发布，自 2017 年 6 月 1 日起施行。

网络安全

网络安全是指网络系统的硬件、软件及其系统中的数据受到保护，不因偶然的或者恶意的原因而遭受到破坏、更改、泄露，

知识加油站

系统连续可靠正常地运行，网络服务不中断。网络安全包含网络设备安全、网络信息安全、网络软件安全。从广义来说，凡是涉及网络上信息的保密性、完整性、可用性、真实性和可控性的相关技术和理论都是网络安全的研究领域。

——石磊，赵慧然．网络安全与管理．2 版．北京：清华大学出版社，2015.

健康
养生篇

1

华朵与高歌如胶似漆，从相识、相知、相爱就在这短短的几个月间，华朵也无意要瞒着家人，之前一直不好意思开口，可无奈长辈们给她安排的相亲却是越来越多。终于，华朵向家人坦白了她和高歌的相遇、相恋过程。大喜过望，虽然家人们还在责怪她不早点"汇报"，但更多的是迫不及待地想了解一下高歌，怕他们的朵儿被恋爱蒙蔽双眼，不能真正地识别高歌是真心还是假意，毕竟是要选择结婚对象，不能任由华朵的性子。感情是感性主导，而婚姻需要理性判断。

"妈妈，下周六怎么安排呀？"

下班回家后的华朵，虽然说了一天的话有些疲倦了，但一进门还是迫不及待地问了这么一句。谁让高歌这个名字成了她时时刻刻的牵挂呢！

"什么怎么安排？"妈妈假装不解地问。

"不是你们要我把高歌带回来审查吗？你们又忘了，那好，我就继续从事地下活动了啊。"华朵俏皮地说。

"放心吧，都商量好了。外婆是我们家的最高领导，她已经发话安排了，大家在外婆家聚会。"

"哦……"华朵半句话没说完，就偷偷躲到一边去给高歌打电话，告诉了他这个最新消息。原来，在本月的家庭会议上，见家长一事已经被外婆提上日程，商定在本周六中午一起到外婆家共进午餐。

高歌深感自己责任重大，第一次见华朵家长，要精心准备，多为自己争取。他从华朵那里得知，外婆是家里的"精神领袖"，家里大小事宜都要征询外婆的意见。所以，如果能讨好外婆，他和华朵的事儿就会成功一大半。于是，他就想从华朵这里'360度无死角'地了解外婆的脾性、兴趣爱好、生活经历，等等。对了，还有外公。

"做好笔记哦。"华朵嘲弄着高歌，"外婆可是你的重点了解对象。在家里，外婆说话可是很有分量的！"华朵对高歌说，外婆是一名退休的幼儿园教师，被家人亲切地称为"老顽童"，特别喜欢孩子和小动物。因为和孩子相处得多，外婆看起来很年轻，皮肤细腻有光泽，头发乌黑发亮，还特别喜欢照镜子，完全看不出已经迈过 73 岁高龄。此外，外婆还是一名"专业吃货"，退休在家专心研究美食，特别喜欢烹饪，还自编了一本《美食查寻宝典》……所以，小辈们周末空闲都爱去看望外婆，顺便蹭一顿美食佳肴。相对于外婆的泼辣和直率，外公就比较慈祥和蔼，是大家心中的"老好人"，也特别迁就外婆。

"自编《美食查寻宝典》？外婆还真是神奇呀！"高歌不禁赞叹道，"朵朵，我这就去学习几道美食，到时候和外婆切磋切磋。"除了有那么点敬畏这个"精神领袖"外，高歌更多的是期望去会一会这位"专业吃货"。

2

　　周六上午九点左右，高歌抱着一只小狗吉娃娃，捧着一束郁金香，笑盈盈地按响了外婆家的门铃。早早来到外婆家的华朵一听到门铃声，便急切地从楼上跑下来开门。看到吉娃娃时，华朵愣了一下，随即邀请高歌进门。

　　显然，长辈们对高歌的第一印象都是不错的。华朵的妈妈在这个"女婿"来之前，就决定把今天的主动权留给外婆，自己不重点负责考察高歌，而是包揽了做饭这个大任务，留下华朵、高歌和外婆聊天。

　　外婆早已被眼前这位又高又俊的，还非常懂礼节的小伙儿打动了。高歌为了讨好外婆，可是有备而来的——他准备和外婆一起研究美食。高歌自认为他可是情商与智商并存的，而想要得到外婆的青睐，必须从美食开始。

　　"外婆，您的皮肤保养得真棒，完全一个小年轻的模样。"高歌边走边讨好着外婆，"您保养皮肤的秘诀真的该传授给我一些，我妈妈看着都没您年轻。"

　　"哈哈，中年人过于操劳，忽视皮肤保养很正常，不过今天外婆把秘诀传授给你后，保证你母亲三五月后容颜焕发。说到美容保健的信息呢，对那些护肤品、化妆品、保健品，我就不是特别懂了，这些信息在网上或者在街上的那些美容保健会所里，人家更专业。我相信这些，你妈妈也比我这个老太婆更加了解。"

"咦？外婆，您还懂网络啊？"

"外婆我呀，老了，看华朵妈妈有时候会用电脑、手机来查寻各种饮食信息，我想学，可你们年轻人都忙啊，所以也不能经常请教你们。关于网络我只是知道一点，也并不会操作，纸上谈兵罢了。我的保养秘诀，说穿了就一点，就是在日常生活中的各个方面，都要注意健康养生。所谓'身体是革命的本钱'，说的也就是这个理，我们可得学会照顾好自己的身体。这方面的信息有很多，到处也都在倡导健康养生的生活方式，例如各种健康养生的网站、电视节目等。"

"就这一点，说起来简单，但是做起来可不容易啊！"

"你说了这话，就说明你这小伙儿可能还挺懂这方面的。我吧，认为这个健康养生的生活方式可以从这三个方面来做：第一，要保持积极乐观的心态。第二，要进行适当的身体锻炼，不是有'全民健身'的倡导嘛！这方面的锻炼方式有很多，外婆也就不多说了。第三，外婆今天主要想与你分享的，就是要会吃。即从我们的日常饮食中，如何吃出美丽、吃出健康，由内而外地达到美容保健的效果。"外婆热情地拉着高歌，走到书桌前，拿起了她自编的《美食查寻宝典》，翻着宝典得意地说，"看，这是《美食查寻宝典》里关于美容保健的部分。"

"果然是私家宝典，这个名字都起得俏皮又专业。"高歌赞叹着，望着华朵，"华朵之前就和我提过，今日终于有幸见到，这都能赶上网络上的信息量了，分类也很详细。"

"那是。我外婆可是有名的'厨神'呐！"华朵自豪地说。

"网络上也有我这么全面的总结吗？"外婆听到高歌说起网络，不禁来了兴趣。

"外婆，平时我们就是在网络上查怎么吃，怎么做美食的！"高歌连忙答道。

"那你也给我介绍介绍嘛！"

"好啊！那我先给您推荐一个比较专业的网站：中国营养学会的官网。它上面有很多健康饮食信息，可以指导我们合理选择食物，科学搭配食物，吃得营养、吃得健康，从而增强体质、预防疾病。《中国居民膳食指南》就是中国营养学会编写的。对了，您可以去关注它的科普官方微信号'中国好营养'。"

"哦？那看来确实是比较权威的。那它出的那个膳食指南是不是提出了类似食物金字塔之类的？"华朵在一旁问道，初中课本好像提到过。

"嘿！你咋知道呢！那里面确实提出了修订版的中国居民平衡膳食宝塔、中国居民平衡膳食餐盘和中国儿童平衡膳食算盘等，指导我们大众在日常生活中进行具体实践。而且为了方便老百姓使用，还特别推出了《中国居民膳食指南》科普版、漫画版呢。"看来高歌这准备工作做到了点子上了。

"你俩这一唱一和配合得挺好啊，这个膳食指南确实挺好的，我在电视节目上也常看到，回头我也去买本来详细看看。不过，我听人说，这网上的信息虽然多呀，但是夹杂了很多不真实的，甚至是虚假的信息。一味地按照网上说的吃会不会吃得不健康啊？"外婆的《美食查寻宝典》可是浓缩了一辈子的做饭经验，一时间不相信这网上能有这么多东西！

"嗯嗯，外婆您说的非常有道理，所以呀，在网上查找知识的时候一定要记得选择权威的网站，上面发布的信息是经过筛选的，确保真实可靠。网上很多来源不明的关于健康养生的文章，其实都是一些商品的营销软文，我们千万不能盲目相信。"

"是的，是的，现在网络上还经常会有一些谣言出现，编得有鼻子有眼的。"华朵也深有感慨。

"那有没有能够帮助我们识别哪些是谣言的网站呢？"外婆顺势追问着。

"嗯，我还真没浏览和查寻过这方面网站，您稍等，我找找看。"说着，高歌在手机的百度 app 搜索框中，输入了'辟谣'这个关键词，浏览一会儿后惊喜道，"嘿，还真有！这个'中国互联网联合辟谣平台'可以算是咱政府部门的官方辟谣网站之一了！你们看这个网页底部的制作归属声明，是由中央网信办（国家互联网信息办公室）违法和不良信息举报中心主办，新华网承办的。它还有专门的 app、微信公众号和官方微博呢，我马上下载它的 app 看看，它的 app 名字就叫'联合辟谣平台'。"

过了一会儿，高歌便将下载好后的 app 打开："它这里面分了'曝光台''举报 / 查证''事件''知识'四个模块，看来我们不仅可以在这里直接查清一些网络上传播信息的真实性，还可以直接进行举报求证呢！你们看，这里面就有不少关于食物和养生方面的，如'饭后酸奶真能促消化？''抗糖真的抗衰老？''吃冻肉有害健康'……都有权威专家进行相关科学真相的解读。此外，还有一些最近网络中流传事件的辟谣呢！"

"我看看，"外婆赶紧凑过来瞧了瞧，连连点头，"这个好，这个好！"

高歌一边给外婆演示，一边说着："您呀，以后想要了解上网这方面的知识，就打电话给我……哦，外婆您看，在这个辟谣平台里也可以直接搜索自己想查寻的。"

"感觉还挺容易，这个就跟百度那个搜索框一样嘛，输入我想搜的关键词，比如'老年人'，就能找到跟我们老年人相关的谣言吧？"

"嗯，对的。您这心态年轻，接受新知识的能力也很强呢！一说就懂。刚才我们说到哪里了？对了，已经说过《中国居民膳食指南》了哈？接着说，我们应该针对我们每个人自己的身体状况来确定自己应该吃什么，如何吃。如果自己身体状况比较差，毛病比较多，我们可以去医院咨询一下医生，医生能给予我们个性化的科学饮食建议。而且现在许多医院的网站建设得也不错，我们可以直接去当地比较知名的医院网站中进行在线咨询。遇到一些轻微身体不适，也可以在网站论坛跟在线医生或病友交流。"

"哦哦，还可以这样啊！我们老一辈人在吃的方面除了听医生的叮嘱外，主要还是凭借自己的切身体验和大家的常识。对了，你说的在线医生，都是有资质的医生吗？你们也不要一味相信在网络上看病哦，身体不舒服还是要去医院看医生的。"

"嗯嗯，您说得有道理，一定不能滥用网络问诊。我们这一代呢，已经习惯于万事都上网查一查，在自己身体不适时，都会习惯性地根据自己的症状，先去网上各处查询有相似症状的网友交流信息，然后主观臆测判定自己的情况。但是，外婆，还真像您担心的那样，网上确实也有不少虚假信息，会把病人引到一些无资质或水平差的医院去，结果病人花了冤枉钱没看好病，甚至丢命的都有，报纸上都有报道的。"华朵接过外婆的话说道，"不过，您放心哈，我和身边的朋友，**信息素养**① 都比较高，不会上当受骗的。前段时间听我同事推荐网络问诊后，我还体验过呢！"

"咦？朵儿，你哪儿有不舒服吗？赶紧给外婆瞧瞧。"外婆听后立即紧张地问道。

"就是，朵儿，前段时间也没听你说啊，是我太粗心了，都没有注意到你的情况。"高歌也同时懊恼地说着。

"哎呀，不是什么严重的毛病，就是前段时间出差在外面用午餐时，不小心误食了一道豆腐里含的蟹黄，然后导致我脸部身上多处都出现冒红点、瘙痒这些症状，外婆您知道的嘛，我对它过敏的，我当时都不愿出门了，然后想起同事推荐过网络问诊这

---

① 参见"子女育教篇"第 1 节的知识点"信息素养"。

种方式，我就尝试了。"

"我们朵儿没事就好，那你继续给我们讲讲刚说的网络问诊。"外婆终于将提着的心放松下来。

"我那同事时不时地就给我们分享她在各个网络平台问诊的经历，然后我自己也去网上查询了些信息，我现在也有些了解了。简单来说，网络问诊就是把我们与医生的交流从线下的面对面问诊过程，搬到了网络上。我们可以通过文字、图片、电话甚至视频来与医生交流沟通，医生则根据我们的描述和上传的检查报告等资料来诊断病情，然后给予我们专业的解答、就医指导。医生可以为部分常见病、慢性病患者直接开出电子处方。网络问诊平台还可以把这些处方药品直接通过快递配送到家。"华朵挽着外婆手臂说着。

"就是说我们足不出户，利用平时的一些空当时间，就能通过网络完成一次看诊！这样一想还真的很方便，你想我们每次去一趟医院就诊一次花费的时间，至少都要半天吧，通过网络的话，至少免去了来回路上折腾的时间了，特别是对于我们老年人来说。"外婆高兴地道。

"哦？那你是通过哪个网站或 app 进行问诊的呢？赶紧推荐一下。"高歌对于华朵提起的这个网络问诊非常感兴趣。

"这个就要看你自己的需求与选择了。总体来说，目前的网络问诊平台主要分为两类。"华朵俏皮地分享道。

"两类？主要有哪两类呢？"高歌十分捧场地顺着接话道。

"一类呢，就是实体医院自己搭建的，使用本院医生开展互

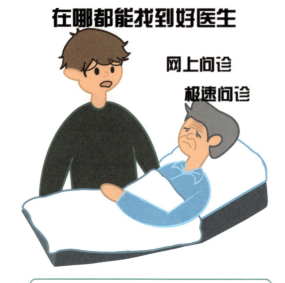

联网诊疗活动的服务平台或互联网医院平台，如知名的北京协和医院、四川大学华西医院等 app 中都已上线网络问诊的服务功能。具体哪家医院是否提供了网络问诊服务，我们完全可以在就诊前打医院电话先咨询。另一类，则是较早就出现的一批由第三方互联网企业等非实体医疗机构搭建的，集成了多家正规医院医生的医患交流网站，如好大夫在线、春雨医生等。"华朵一边说着，一边用手机打开了华西医院的 app（华医通）和好大夫在线 app。

"咦，那这两类平台对于我们患者看病来说，有些什么异同呢？"高歌继续追问。

"它们的相同点，就是无论哪类平台的网络问诊都是有适用性范围的，它们都只针对常见病、慢性病复诊的患者，这是国家的相关文件《互联网诊疗管理办法（试行）》明确规定了的：不得对首诊患者开展互联网诊疗活动；当患者出现病情变化需要医务人员亲自诊查时，医疗机构及其医务人员应当立即终止互联网诊疗活动，引导患者到实体医疗机构就诊。"华朵十分郑重地强调着。

　　"确实，这样的规定反而能让我们更加放心些，毕竟咱们现在看病，都是需要具体望闻问切和各项身体检查，医生才能有科学依据地为咱们确诊，这是对我们病患的负责呀！"外婆点点头，十分认同，"那这两类平台又有什么区别呢？"

　　"它们的区别嘛，大概有四个方面。首先比较明显的就是平台医生数量上，相对于集成了多家医院医生的第二类医患交流网站，第一类平台主要为单家医院独立开发，各科室每天进行在线值班问诊的医生数量较为有限；其次呢，就是医生的问诊行为上，如果我们出现医疗纠纷，第一类平台上的问诊，我们大可直接找医院进行协调，而对于第二类平台上的问诊，我们只能通过网站咨询医生个人，平台方是不对其网站上医生的诊疗建议及方案负责的，需要我们谨慎采纳，这一点在第二类医患交流网站的免责条款中是清晰声明了的。"

　　"嗯嗯，毕竟网络问诊过程中，医生也只能凭借我们提供的病例资料和自我描述，进行经验性判断嘛，所以他们的诊疗建议确实也是有局限的。"外婆再次认同地点头。

　　"第三方面嘛，是在问诊挂号费用上，除了免费咨询服务外，第一类平台上的问诊挂号费用一般由医院根据项目收费标准统一定价，如北京协和医院的是 50 元，四川大学华西医院的是 30 元等。而好大夫在线这一类医患交流网站呢，它们按接诊的速度（急速问诊）、接诊医生的级别（专家问诊）、接诊的方式（文字、电话、视频）进行了细分，相应的问诊挂号费用从几元至几百元都有。"

"其实，这个网络问诊也可以被视为**知识付费**的一种吧？感觉它和'知乎问答'很相似。"高歌说道，"新闻上不都说互联网转入知识付费时代了吗，现在一些在线课程、网络问答、专栏订阅等都要付费！这个还切实关系到咱们身体看病问诊的，收费也合乎情理。"

"对，对！你听我说完嘛！两类平台的区别，最后一个方面，主要就是在问诊后续的药品支付和配送上了。这方面要视各个平台的具体政策而异，如是否支持医保支付、支持在线配送等。"

"嗯嗯，我大概对这两种平台有些了解了，但更多的可能还是需要我去自己体验一下。总体来说呢，网络问诊还是极大地方便了许多复诊患者呢，可以视为对传统的医院问诊方式的补充和优化，同时，它也给许多囿于当地医疗资源有限的病患，提供了一个异地享用好医生资源的平台嘛！"高歌习惯性地用手推了推眼镜，感慨道。

"是呀是呀，高歌说得不错！"外婆连连点头赞许着。

"妈，您快过来帮我看看这个老鸭汤里萝卜的量加得够不够啊？"

听到华朵妈妈在厨房里的问话，华朵外婆急忙说："华朵她妈妈别的菜都做得很好，唯独这酸萝卜老鸭汤总也做不好。今天小高来了，我可得帮着看看去。"说着便小步走向厨房。

高歌向华朵眨眨眼，"怎么样啊，我的表现是不是值得奖励啊？"

"你可别贫了，继续保持。"华朵确实很高兴。看得出来，外婆很中意高歌。还有什么能比自己的爱情得到家人祝福来得开心呢？

知识加油站

知识付费

知识付费当下特指在线知识付费。它是一种获得高质量信息服务的手段，提供者将个人知识或技能转化为知识商品，消费者通过付费获取知识。

——艾媒咨询．2020 年中国知识付费行业发展专题研究报告．https：//www. iimedia. cn/c400/76060. html.

知识付费自古有之，我国古代的私塾及书院，欧洲近代大学都是知识付费的传统形式。随着移动互联网和新媒体技术的发展，线上知识付费平台应运而生。

在线知识付费平台所涉及的产品模式各不相同，比如，微博问答、知乎问答以付费问答为主，喜马拉雅 app 和得到 app 以专栏订阅为主，知乎 Live 以知识讲座为主。从某种意义上说，知识付费也是信息爆炸时代的必然发展结果——互联网上免费信息内容太多、太杂乱，增强了人们对精品内容付费的意愿。

查寻饮食信息的网站举例：

【中国营养学会】https：//www.cnsoc.org

【健康饮食网】http：//www.foodwang.com

【39健康网饮食频道】http：//food.39.net

查寻辟谣信息的网站举例：

【中国互联网联合辟谣平台】https：//www.piyao.org.cn

【科普中国 - 科学辟谣】https：//piyao.kepuchina.cn

【中国食品辟谣网】http：//www.xinhuanet.com/food/sppy/index.html

以实体医院为主导的网络问诊网站举例：

【北京协和医院】https：//www.pumch.cn/index.html

【四川大学华西医院】http：//www.wchscu.cn/index.html

以互联网企业为主导的网络问诊网站举例：

【好大夫在线】https：//www.haodf.com

【春雨医生】https：//www.chunyuyisheng.com

3

没过一会儿，外婆便端了茶水回来。"小高啊，你可不能嫌弃我老太婆问题多啊，我还有好多问题呢！"

"看您说的，怎么会呢！您有什么好奇的地方尽管说来。"

"知道应该吃什么、如何吃的信息了，那如何做菜呢？网上也能找菜谱方面的信息了吗？我一般就去书店、图书馆找相关图书、杂志等，在这方面还买了不少呢，你来看看我书架上的这些，茶余饭后我就翻翻看看，尝试着做道菜或者甜品。可是在网上怎么找呢？"面对网络世界，外婆仿佛回到了年少时期，如同孩子般的新奇。

"外婆，网上有各种食材菜谱的网站，有专门的食材菜谱网站，如菜谱中国，还有分类介绍的食材菜谱网站，如天天美食网等。在这些网站中，如天天美食网，可以根据菜系、食材、人群膳食、食疗养生、口味、工艺、用时、难度等来检索菜谱，也可根据其中一些主题进行分类浏览，利用起来非常方便。而且呀，其中很多网站都有相应的 app、微信公众号、微博。"高歌说着，打开手机给外婆展示着自己收藏的一些美食微信公众号。

"现在的各种移动 app、微信和微博都是非常普遍的**信息共享**和信息交流平台，因此也是我们应该经常关注的信息源，还有论坛、贴吧、QQ 订阅号之类的。这些专门 app 只要到各智能手机的软件商店 app 中，输入您想查找的相关关键词来检索，便会发现很多相关的应用软件，下载后就可以使用了。同样的，微信公众号、微博等，只要您在微信、微博中使用相关的关键词检索，也会发现很多相关内容。"华朵看着外婆来了兴趣，忙补充道。

"原来网上还有教做饭的视频呢！这些我老婆子还真的不晓得呢，我一般就看看各种美食的电视节目，如中央电视台财经频道（CCTV-2）的《回家吃饭》，以各种实例示范，将食材的具体烹饪过程生动地展示给我们，可有用了。"外婆颇有兴致地继续介绍道。

"外婆，您整理得真细致，将每个电视节目的播出时间都记录在册啊！"高歌看着外婆的《美食查寻宝典》，感叹着。

"这不是为了不想错过那些节目嘛！"外婆无奈地回答着。

"外婆，这个没有关系啊！现在的电视好多都有'回看'功能的，即使没有那个功能，我们也可以通过网络对那个节目的视频进行检索呀！然后，您还可以将那些您觉得比较好的视频下载下来，保存好，以后想什么时候看就什么时候看。当然，如果是您觉得重要的信息，就要做好**信息存储**。而且，最好还要备份一下。不要只在这一个设备上进行存储，还可以备份在 U 盘、移动硬盘、网盘等里面，以免重要信息丢失。"

"对啊，你说我怎么连这个都没想到呢！果然岁月不饶人啊！"

"哪有！就是智者千虑，也必会有一失嘛！"华朵挽着外婆的手撒娇。

"小高啊！说到这儿，我有一个疑问，网上的资源，像很多视频那些有专门的'下载'标识，所以我们可以直接点击那个标识就可以下载到电脑或手机里了。有时候浏览到一些网页资源，想保存起来时，却是不会了。"

"外婆这个我之前教过您，应该是忘记了。一个是通过鼠标右键的'网页另存为'进行保存，另一个是直接将该网页的网址'收藏'起来。如果只想保存一个网页中的一部分文字内容，可以通过手写摘录或电脑打字的形式记录。"

"还有更为简单的方法！您可以通过复制与粘贴的形式将那

些文本粘贴在一个新建的 Word 文档里保存，也可以通过 QQ 或者浏览器插件的截图功能，把您想要保存的内容，截图成图片格式保存。"高歌立马开始演示起来。

"嗯，知道了。我到时候几种都试一试。"

"外婆，我还想向您推荐一下。"高歌将手机拿出来，进入了央视网（https：//www.cctv.com），并将手机递到了外婆面前，"外婆，您看！我觉得您还可以多关注一下央视网。这个网站是中央电视台的官方网站，信息资源的质量比较好，类型也很丰富，如新闻、经济、农业、体育……各类主题的都有，我经常在这个上面看体育频道与各种纪录片。您看，这里直接有'旅游美食'和'健康'您关注的两个主题分类，内容很丰富呢。"高歌用手指放大屏幕，指着给外婆看。

"好！好！真好！我要把这个网站加入我的宝典中，作为我美食信息查寻的重要信息来源。看来多与你们这些年轻人交流，还真能收获不少啊！"

"哪里，和长辈交流才真让我们受益匪浅呢！"

"哈哈……好吧，我们继续……"外婆高兴得继续拉着高歌展示她的宝典。

知识加油站

信息共享

信息共享指信息和信息产品在不同用户或不同组织之间实现交流与分享的活动。其目的是将信息与其他人共同分享，以提高信息资源的利用率。

信息共享是一种互惠行为，是一个双方或多方受益的价值增值或创造过程。

信息存储

为了促进信息资源的充分交流和有效利用，使用户在信息集合中快速、精确、全面地获得特定需要的信息资源，必须首先将大量、分散、无序的信息集合起来，根据信息源的外表特征和内容特征，经过整理、分类、浓缩、标引等处理，使其系统化、有序化，并按一定的技术要求建成一个具有检索功能的检索系统（如手工检索工具、计算机检索系统与搜索引擎）供人们检索和利用，此过程就是信息存储。

——李四福，叶玫. 信息存储与检索. 北京：机械工业出版社，2007.

查寻食材菜谱信息的网站举例：

【菜谱中国】http：//www.caipucn.com

【香哈网】https：//www.xiangha.com

【下厨房】https：//www.xiachufang.com

【美食天下】https：//www.meishichina.com

【豆果美食】https：//www.douguo.com

4

　　高歌和华朵向外婆展示着利用网络来查找美食、医疗等信息，外婆也向他们分享着自己的经验，说说笑笑，场面好不热闹。华朵妈妈在厨房里有条不紊地做着午饭。虽然饭菜样式丰富，但妈妈并不手忙脚乱，想是遗传了外婆的好厨艺和做事风格。

　　"外婆，听您讲着这些美食，我肚里的馋虫都勾引出来了。您看你们这周边有什么美食可以推荐吗？我想以后让华朵带我都去吃一遍。"

　　"你这小子，这个对于你们这些年轻人不是很简单嘛，我看华朵常用那个叫什么'美团'还是什么点评的软件来找这些个名气不大、口味很好的小吃饭店，我讲得对不对啊，华朵？"

　　"外婆，今天我也教您一下，没准啊，下次您比我还依赖这些软件呢！对于美食信息的查寻，除了有专门介绍各地各类美食本身的网站、app 等，还有结合我们具体位置而进行美食推荐的app，如觅食、鲜城等。不过，今天既然您这位美食家就在面前了，他当然是想听听您的意见啦！"

　　"呵呵，好吧！那我就给你推荐一下吧！如果要说味道最好的中餐呢……"外婆将附近的美食一一地向高歌做了细致介绍。

"原来您家周围有这么多好吃的啊！"高歌听后发出了感叹。

"是啊！不过呢，在外面就餐时，一定要注意食品安全问题，尽量选择正规的餐饮店。"

"但是，现在有些食物让我们防不胜防啊！"

"这就需要我们平时多做有心人了。在食品安全信息方面，我的《美食查寻宝典》里也有收录呢。你看，这儿！"外婆又将《美食查寻宝典》翻到了'食品安全'部分，继续说道，"这个方面的信息、知识有很多，我今天倒想听听你们年轻人是从哪里关注这些信息的呢？"

"嗯嗯，家中长辈平时也常念叨着这些，我呢，主要从这两个方面去关注：第一方面是各类食品安全信息。可以通过国家市场监督管理总局政务服务平台网站（https://zwfw.samr.gov.cn/needSearch）的'我要查''我要看'板块里进行查寻与了解。"高歌顺势拿出自己的手机，"我们可以一起进这个网站看看。"

"我倒是要看一看。"外婆像个孩童般地提出一个又一个的问题。

"嗯，您看在'我要查'板块里的'食品'主题下有'食品安全抽检公布结果查询系统''特殊食品信息查询'6个可查询的子系统。'我要看'板块里的'通报公告'中有各批次的食品抽检不合格情况的通告，通过这些我们可以了解到相关部门对食品行业的监管动态，对不合格的食品、食品生产商、餐饮店等进行抽检、曝光、点名公示等，这就为我们选购食品、选择就餐地点提供了警示。而且还可以通过本市的市场监督管理局官方网站的'专题专栏'中涉及食品安全的内容、本市食品安全网来了解我们本地的食品安全信息，这对于我们来说，就更有针对性。"

"原来这些信息在这里啊，我平时只是在新闻里偶尔看到，对网络上的却没有关注过。"

"是的，这些网站里有比较集中的曝光、抽检类的信息，相应的微博、微信公众号您也可以关注一下。接着刚才的说，这第二方面呢，是关于各类食物本身之间相克、相忌信息以及正确食用的信息。因为如果饮食不当，也会对我们的身体健康造成威胁。这方面的信息其实在前面所说的食材菜谱的网站中就有不少。当然，我们也可以在百度等搜索引擎中直接使用'食物相克''饮食禁忌'等关键词来检索。"

"这些信息也都有啊！我还想着我这宝典的信息够全了，甚至为方便寻找，还有'参见'那一部分呢。"外婆略微有些失望。

"还有'参见'？外婆，您是不是专门学过**主题法**啊？"高歌用意外而赞叹的口吻说，"您这宝典的类目可真是面面俱到。"

"主题法？外婆还真不知道这玩意儿。小高，你给外婆讲讲呗。"外婆愣愣地说。

"主题法是什么，让我想想哈……我过去学过'信息检索'课程，但准确的定义我也记不准了。让我现学现卖？……外婆，我们一起看看网上是怎么说的吧？……哦哦，简单来说，主题法是以特定的事物、问题、现象，即主题为中心，来揭示与序化信息资源的一种信息组织方法。就比如啊，您是按食品安全、菜谱、养生这几大块来编制宝典的。但如果想知道滋阴该吃点什么，那就可以在您的'酸萝卜老鸭汤'菜谱下面参见养生板块的'滋阴'。这些理论知识虽然您不懂，可是您这宝典的'参见'其实就体现了这个道理。您看您《美食查寻宝典》里的信息，不是按照健康饮食、食材菜谱、食品安全等主题进行了组织嘛，而且您居然还用了'参见'这种表示主题关系之间的方法。这些可都是主题法思想的应用。果然啊，真知都是出自实践啊！"高歌向外婆做了一个简单的说明。

"哦，原来是这样啊。那我能说我是无师自通吗？哈哈。"外婆俏皮地说，"快来看看这一部分具体的食物相克信息的汇总摘录。"

"咦？外婆，这都是您全部手工摘抄过来的呀！"高歌看着外婆宝典里整页、整页的文字，惊叹道。

"是啊，这里面有些是从电视节目中摘抄下来的，有些是从图书、杂志里搜集摘抄的，摘抄这些还费了我不少工夫呢！但是，我还遗漏了好多觉得有用的信息呢！外婆确实上了年纪了，很多时候看到有用的信息，当时忙着别的，没有时间记录下来，后来就不好找了。你们年轻人我看虽然记性好，但你们现在面对的信息量比我可是多了好几十倍都不止吧，这网络能不能帮助快速简单记笔记呢？"

"这个呀，网络也确实可以办得到！就是电子版笔记啦！现在已经有各种电子笔记软件了。"高歌又拿出手机，进入了软件应用商店，"您看，只要我们在搜索框中，输入关键词'笔记'，就会检索出许多电子笔记的移动 app 了。我也是听朋友介绍后才使用了一个，使用的是有道云笔记这个软件。这个软件不仅可以作为备忘，随时记录下我们阅读书刊时或者任何时候想记录下的一切，记录方式支持文字输入、语音输入，它的语音输入还可以转换成文字。当然，我们还可以通过上传图片、文档扫描等方式来记录，而且还可以一键收藏网页、微博、微信上的精彩内容，非常轻松呢！这点可以帮助我们解决平台繁杂、知识过量等难题，非常实用，也不必担心有所遗漏。我们不仅可以将它作为一个信息库，随时随地通过手机、电脑的客户端或者网页进行浏览查看，还可以将这里面的内容以邮件、微博、微信朋友圈的形式分享给他人。"高歌详细地向外婆介绍起来。

"这么方便啊！这网络里面的学问可真多，我以后也得多学习学习这些内容！"

"外婆，这类的电子版笔记软件有很多，还有印象笔记、为知笔记等，不同的软件之间有各自的特点，我们应该根据个人的行为习惯进行选择，我选择有道云笔记就是觉得它挺适合我的。"

"哎呀，让外婆继续展示展示她的宝典嘛！这里面的东西可不比网络的少呢！"华朵适时地夸一夸外婆的宝典，外婆也满意地看了她一眼，这朵儿从小就是她的贴心小棉袄。

"嗯嗯，那我们继续吧！"高歌收起了手机，注意力回到了外婆的宝典上，不禁又发出感叹，"外婆，您的宝典内容可真丰富啊，要不您考虑考虑，将它整理一下出成一本书来？"

"哈哈，外婆可没有能够出书的能耐！"外婆被高歌逗乐了，"这里面好多实质性知识可都不是外婆自己写出来的啊，外婆只是做了一个搜集、整理分类的工作。"

"嘿嘿，外婆，想不到您的**知识产权**意识还挺高的啊！其实，您以后有空，还真可以试着将您平时的做菜心得、养生保健心得等系统整理一下，不求出书，也可以分享给我们多多学习学习嘛！"

"哈哈，好呀好呀！这还真是一个好想法呢！"外婆高兴地答应着。

"哟，聊得这么开心啊！"华朵妈妈从厨房进来，"饭马上就好了，再稍等一小会儿哈！今天让高歌也尝尝我的手艺。"

华朵看着妈妈打趣地说："我的眼光不错吧，高歌是不是特别讨人喜欢呢？"

"小姑娘家的，都不知道矜持含蓄点。"妈妈笑呵呵地瞟了一眼华朵，对着高歌说，"华朵就是一点淑女气质都没有，你可要多管着她点，不能由着她的性子，哈哈！"

"妈，我是不是您的亲生女儿呢，怎么这样说人家嘛！"华朵拉着妈妈撒娇道。

这几人聊得如此畅快，不知不觉，一个上午就快过去了。

知识加油站

主题法

主题法有广义与狭义之分。前者包括标题法、元词法、叙词法、关键词法。

狭义的主题法，仅指叙词法，是以主题词（参见"子女育教篇"第 4 节的知识点"主题词"）作为文献信息主题概念的标识，对其按字顺排列并提供相应检索的一种信息组织方法。

——柯平.信息检索与信息素养概论.2 版.北京：高等教育出版社，2015.

主题词间的关系通过参照系统（包括用、代、属、分、参等多种参照项）予以揭示。其中，"用""代"反映主题词间的等同（同一）关系，"属""分"反映等级（从属）关系，"参"则用于反映等同关系及等级关系之外的其他相关关系。

华朵外婆在《美食查寻宝典》中使用"参见"，即是为相互关联的主题建立起了联系，因而便使之具有了主题法参照系统中"参见"的类似功能，方便查检与利用相关主题的信息。

与分类法（参见"子女育教篇"第 4 节的知识点"分类法"）相似，主题法也可指代用于进行信息组织的工具。即当人们提到某部具体的主题法时，实际上指的是某部主题词表，如《汉语主题词表》《中国分类主题词表》等。

知识加油站

主题法与分类法的主要区别

（1）二者表达主题概念的标识形式及特点不同。主题法采用规范化的自然语词作标识；分类法则采用人为规定的号码（分类号）作标识。例如，对"公共图书馆"这一概念，用《中国图书馆分类法》给出的分类标识是 G258.2，用《汉语主题词表》给出的主题标识是"公共图书馆"。

（2）二者标识信息内容、组织信息的角度不同。分类法着重从信息内容所属的学科专业角度来组织信息；相应地，当人们从分类途径对信息进行检索时，需按分类号或类名来进行检索。而主题法则着重从信息内容所反映的事物主题来揭示与组织信息，即以概括特定信息的主题概念（即语词）来标识与检索信息。

——曹树金，罗春荣.信息组织的分类法与主题法.北京：北京图书馆出版社，2000.

知识产权

知识产权又称智力成果权，它是指在科学、技术、文学、艺术等领域内，人们利用知识而创造的精神财富依法所享有的权利。

知识加油站

广义的知识产权可以包括一切人类智力创造的成果。狭义的知识产权范围主要包括著作权（版权），专利权（发明、实用新型、外观设计），商标专用权等。

——马海群. 信息法学. 北京：科学出版社，2002.

查寻食品安全信息的网站举例：

【国家市场监督管理总局】https：//www.samr.gov.cn

【中国食品安全网】https：//www.cfsn.cn

5

几人正在说话间，突然，一个慌张的声音打破了其乐融融的氛围："不好了，外公哮喘病犯了。"

外婆、华朵听后立马往楼下跑，高歌听后怔了怔，随即追向华朵，边跑边问道："外公有哮喘？"

"外公的哮喘是早年刚工作时候，在工厂一线积患成疾，后来转岗到办公室，病情多年没有复发，只是随着年龄的增长，每到春天的花粉期，不能出门，还有就是家里不能养有毛毛的宠物。"华朵懊恼地向高歌解释着，并自责道，"是我一时疏忽了，忘了提醒你了。"

"原来真是我带来的那只吉娃娃小狗的原因。真对不起！本来是想着送一只适合陪伴老人们的萌宠来丰富他们生活的。"高歌非常自责。

"我们俩都有责任，先不说了，看外公怎么样了。"说话的同时，他们已经跑到了客厅。外公坐在沙发上，喘气急促、咳嗽不停，面色还有些发紫。见此情形，外婆迅速从药箱里拿出急救药，先让外公服下，随即妈妈也叫了救护车。高歌殷切地配合着华朵家人把外公送进了医院，最后强烈要求要陪护外公，直到外公出院。

在医院的一周内，高歌日夜守护外公。此情此景更是让华朵一家子放了心。这男孩子做事稳重又有耐心，甚是合心意呢。

"外婆，外公最近怎么样了，出院了现在还难受吗？"高歌关心外公身体恢复情况，再一次拜访外婆家。

"早好啦！其实老头子有几年都没犯病了，只是最近他身体不好，免疫力差了一些，所以这次才比较严重。你可别介意哦，老头子现在不是好好的嘛。"

"外婆您这么说，我都不知道说什么好了，"高歌愧疚地说，"外婆，我猜您肯定还学过护理，还记得那天您的反应速度，让我惊呆了。"

"这个还真没有。不过，一把年纪了，自己也特意问询过一些用药常识，"外婆自豪地说，"对于小病小患或者用药注意事项，是非常有必要掌握一些常识的。如果家里人患有一些慢性疾病，如心脑血管疾病、高血压等，还需要在家里常备一些救急药品。至于需要准备哪些药品，可以去医院咨询医生。"

"嗯嗯，外婆，您以后也可以在网上查找一些用药常识的信息，关注一些相关网站，如中国公众健康网。一些普通的感冒，也可以在网上向专家进行在线用药咨询。比如 39 健康网等，这些网站可以在线咨询专家医师。"高歌补充道。

"小伙子懂的还不少呢！"外婆满意地夸奖道。

"呵呵！这也是我有次感冒后，在华朵那儿学习到的。"高歌感激地看看华朵。

"就是，外婆，他懂的这些可都是从我那里了解到的，所以您最该夸的还是您的外孙女儿——我呀！"华朵顺势也想在外婆面前表现一下，接着道，"我们不是经常会觉得一些医生开的药没有效果，或者是太贵了吗？"

"嗯嗯，就是！"高歌连连点头，"我经常就有这种想法。"

"其实呀，国家卫生健康委是有发布相关的用药目录和药物指南的。你看我这个本子上记下来的这些名字，有这些呢：《国家基本药物目录》《国家基本药物临床应用指南》《国家基本药物处方集》，这些指南颁发的目的是规范医生的用药，为了减轻我们大众的用药负担。世界卫生组织在这方面也发布了很多，你看我记的，有这么多的标准：《世界卫生组织基本药物标准清单》《世界卫生组织儿童基本药物标准清单》《世卫组织标准处方集》。而且很多常见病都有专门的药物指南，这是我上次在网上查到的，给外婆备着：《中国类风湿关节炎诊断与治疗指南》《流行性感冒诊疗方案（2020 年版）》《湿疹皮炎类皮肤病中西医结合药物治疗专家共识》，我们可以查看这些指南来检验医生开的药是否对症。"华朵也拿出了上次准备的医药知识小本子给外婆，以备不时之需。

"原来还可以这样啊！"

"当然啦！这些药物指南能解决很多我们关于医生用药的疑问，而我们通过'国家药品监督管理局'的'药品'主题下的'公告通告''药品科普''药品查询'等专题专栏，可以了解到安全用药的一些注意事项、所用药品是否正规生产等信息。这些信息在一定程度上保证了我们的用药安全。"

"看来，我们的健康生活真离不开这些相关信息与知识啊！"

"是啊！还有一个关于医疗与健康信息介绍的权威网站，你看这儿，'中华人民共和国国家卫生健康委员会'——是卫生健康委的官网，有信息服务平台，也能为我们提供药物基本目录、食卫标准等方面的相关信息呢。"

"高歌、华朵，你们向我分享的这些信息，真的是帮我打开了健康生活的一扇大门。"

"哈哈，我们也需要多一点实践经验！"

在美食和健康的世界里，高歌成功地和"精神领袖"外婆联络了感情。热心的外婆对高歌也很是喜欢，还邀请高歌周末的时候常来家里玩儿。

查寻药品使用信息的网站举例：

【国家药品监督管理局】https：//www.nmpa.gov.cn

【中华人民共和国国家卫生健康委员会】http：//www.nhc.gov.cn

家政
理财篇

1

高歌和华朵的恋情被双方家长所祝福，决定年后就举办婚礼。这一日，恰逢小年，高歌来到华朵家拜早年。华朵爸爸高兴，女儿的终身大事有了着落，准女婿也甚合心意。吃晚饭的时候，华朵爸爸拉着高歌的手，多喝了几杯，想着高歌这么晚独自回去也不太安全，硬要留着高歌。高歌想想天色已晚，就没有拒绝，在书房打了地铺。

一缕阳光透过玻璃窗斜射到客厅的茶几上，高歌伸了伸懒腰，穿好衣服，走出书房。听到厨房里的响动，高歌知道是华朵妈妈在准备早餐了，看了看华朵的房门紧闭，猜测这个"小懒虫"还在睡梦中，又看看空无一人的客厅，就知道华朵爸爸又去晨跑了。

"阿姨，我来帮您吧！"高歌迅速地到洗手间洗漱后，就殷勤地去帮厨了。

"哎呀！不用，你出去吧！早餐很简单的，阿姨忙得过来。"华朵妈妈说什么也不同意。高歌无奈之下，只得退出了厨房。

茶几上已铺了一摊的晨光，无聊的高歌向布满花草的阳台走去。刚拉开阳台的小门，还未踏入，高歌就被那令人悦目的阳台小园林所震撼，沉浸在"山水丛林"之中。

一阵开门的声音把高歌的头拽了回来，看到走出卧室打着哈欠的华朵，高歌兴奋地说道："华朵，这阳台的'小园林'可以拿去申请最美家庭园艺的吉尼斯纪录了！前几次来你家，虽然注意到了这里，但没有好意思进来细瞧。实在是亏了啊！这是阿姨的杰作吗？这么狭小的空间却有着高低错落、独具一格的风景！"

"怎么样，没想到家里也能有这样的'园林'吧！"华朵微扬着头笑道，"我可是这'园林'的大功臣呢！"

"你能有这水平？"高歌摇了摇头，表示不信。

"咋的？你还不信啊！"华朵有些"生气"而略带高傲地说，"来来，让我告诉你，本小姐是如何练就这水平的。"

看着华朵洋洋自得的表情，高歌刚想要讽刺她一下，就被她拉着手腕拽到一间书房里。"你看看这些。"华朵指了指书架上那几排家庭园艺方面的书籍与杂志，"这些可都是我学习家庭园艺时查看过的书刊。"

华朵拍了拍弯着腰、翻着书的高歌："不止这些，家庭园艺类的网站我也经常上去逛。"华朵说着，就坐到书房中屏幕闪烁的电脑前，点击电脑桌面上的浏览器，打开浏览器收藏夹里收藏的浴花谷花卉网的网址。

"浴花谷发布的信息以知识性介绍为主，包括养花知识、植物分类、专题植物、生活与花、花卉摄影、水生植物等栏目。"

"这几个栏目中的内容怎么都交织在一起啊，感觉有点儿乱啊！"高歌接过鼠标点击了几下。

"是的！许多网站不都有这个毛病嘛，分类体系的逻辑性太差了。在上面闲逛一下还是可以的，这种分类浏览适合于没有明确目的地查寻。如果属于问题解决型的查寻的话，那我一般都是用关键词检索的。"华朵边说，边在网站右上角提供的站内搜索框中输入"龟背竹"，很快便得到与"龟背竹"有关的信息，"如果你想进一步了解龟背竹的防虫问题，可以通过'龟背竹 防治'来搜索。"

"嗯，谢谢指点！"高歌一本正经地点着头。

"哈哈！我这是在关公面前耍大刀，不过你也可以看看我说的对不对嘛！"

"我刚才看到你家的一品红有一些虫害，不如我就来考考你，怎么查找防治这些虫害的办法呢？"

"这个简单呀，同时输入'一品红'和'虫害'不就行了嘛！"

"友情提示一下，一品红有个俗名，叫'圣诞红'，生长过程中易发生'粉虱'危害。"

高歌得意地说。

"那就可以加上'圣诞红'来对'一品红'进行**扩检**，同时加上'粉虱'这个关键词来对'防治''虫害'进行**缩检**。这样就可以提高**检全率**和**检准率**了。我说的是不是这道理啊？浴花谷花卉网的检索方式不够全面，我们去 CNKI，用'专业检索'试试看。"

华朵打开 CNKI（中国知网）全文数据库主页 https：//www.cnki.net/（图 8-1），找到"专业检索"界面（图 8-2），输入了专业检索式：SU=（'一品红'+'圣诞红'）*（'防治'+'虫害'），同时还补充道："我这是用主题途径进行的检索。哇，有 85 篇啊，感觉太多了！我还是缩检一下吧！"于是，她把检索式中的"SU"（主题检索）换成了"TI"（题名检索），检出 37 篇。

"感觉还是多了些！"高歌在一旁忍不住评论道。

图 8-1　CNKI 主页

图8-2 CNKI中的专业检索界面

"那就用'粉虱'进行缩检。"华朵边说边重新在专业检索
框中输入了一个检索式：SU='粉虱'，然后点击"结果中检索"
按钮，对37篇文献进行了二次检索，最后得到9篇文献（图8-3）。

	题名	作者	来源	发表时间	数据库	被引	下载	阅读	收藏
1	一品红主要病虫害症状特点及防治措施	赵吉梅;曲光炯	现代农业科技	2017-01-10 17 21	期刊	1	69 HTML		☆
2	一品红烟粉虱防治药剂筛选及盆栽药效	程东美;张锦添;玉基立;刘光华	植物保护	2014-02-08	期刊	6	160 HTML		☆
3	19种杀虫剂及其混用对一品红烟粉虱的防治效果	程东美;玉基立;张锦添;刘光华	农药	2014-01-10	期刊	5	220 HTML		☆
4	烟粉虱在花卉一品红上的消长及其防治	赵先军;洪军孟;楼建飞	浙江农业科学	2008-10-11	期刊	6	51 HTML		☆
5	一品红如何防治粉虱?	北京大汉农业科技有限公司种苗部销售经理 郑纲	中国花卉报	2008-05-15	报纸		6 HTML		☆
6	"一品红"花卉上烟粉虱的消长和防治研究	赵先军;洪军孟;楼建飞	安徽农业科学	2008-05-01	期刊	3	47 HTML		☆
7	一品红烟粉虱田间消长规律及药剂防治试验	吴秋芳;马瑞鑫;王景顺	湖北农业科学	2008-03-05	期刊	9	101 HTML		☆
8	一品红生产主要虫害及其防治	罗天相	现代园艺	2005-10-25	期刊		58 HTML		☆
9	几种药剂防治一品红烟粉虱效果比较	周荣;冯娴慧	广东农业科学	2004-08-25	期刊	12	119 HTML		☆

图8-3 SU=（'一品红'+'圣诞红'）*（'防治'+'虫害'）*SU='粉虱'
（检出结果）

"我觉得这9篇差不多了，反正我又不是做科学研究，不需要查全。"

"可以了，可以了！我的朵儿真棒！还知道这么多呢！"

华朵被夸赞得有些不好意思，忙转移话题："对了，高歌，你平时看不看园艺类节目？我自己呢，偶尔会收看一些，遇到不是太了解的，信息吸收有些困难的，就录制了保存起来，现在我也会时不时回看一下，做好信息存储还是很有必要的。"

"对啊！有些知识我们一时消化会很困难，可是说不定什么时候就会茅塞顿开。"

看着华朵如数家珍地介绍家庭园艺有关的信息源，高歌心想，自己还真是低估了华朵。他一脸笑容地凑过头去："嘿嘿，华大小姐是真人不露相啊！鄙人眼拙，不识泰山真容。"

"知道就好！"华朵带着满意的表情起身向客厅走去，又边走边夸自己"聪慧无双，无师自通"。

正当华朵扬扬得意时，准备好早餐的华朵妈妈走出厨房，对着华朵摇了摇头："聪慧无双，无师自通？你那悉心教你园艺的三婶真是白辛苦了。你这个小'白眼狼'，你三婶那么辛苦地教你园艺。这几个月你也不说去看她一眼。"

华朵听后脸一红，赶忙说："对了，三叔、三婶旅游回来了吗？那我得去看看他们，好久没见了，三叔说不定给我准备了礼物，哈哈哈！哦，对了，三叔、三婶是不是还不知道我和高歌的事，我得给他们一个惊喜。"

"嗯，你三叔、三婶那么疼爱你，该去他们家看看。你吃完饭跟高歌去买些礼物，到时给三叔、三婶带过去吧！"晨跑回来的华朵爸爸也提醒道。

"这惊喜我看你是给不了啦，我早就和你三婶说过啦。好了好了，准备吃饭了，其他的吃过饭再说。"华朵妈妈摆摆手道。大家就各自收拾了一下，开始吃饭了。

知识加油站

扩检

扩检即扩大检索范围。检索时，当检索结果为零或者结果太少时，就需要扩大检索范围。主要的扩检方式有：

（1）在检索词的选择方面，可以使用布尔逻辑"或"连接表达某一概念的同义词、近义词或相关词；

（2）降低检索词的专指度，如使用较普遍的词代替不常用的词，或改用上位词（即概念上更广的词，如"水果"可以是"苹果"的上位词）；

（3）减少用布尔逻辑运算符"与"连接的最不重要的检索词；去掉布尔逻辑运算符"非"，及其连接的检索词；

（4）取消某些限制，如文献类型、出版年、语种等（包括

知识加油站

正文中将检索范围由题名检索更换为关键词检索）；

（5）使用分类号进行族性检索，如利用《中国图书馆分类法（第五版）》的分类号 G254.9 可检索所有与"信息检索"有关的文献；

（6）使用截词检索以检索出某词的单复数形式、英美单词拼写差异、同根词或者含有某几个字母组合的所有单词；

（7）利用某些检索工具提供的"自动扩检"功能进行相关检索。

缩检

缩检即缩小检索范围。如果得到的检索结果太多，或检索结果不相关，则需要缩小检索范围。其方法主要有：

（1）使用逻辑"与"连接更多的关键词；

（2）使用布尔逻辑"非"，把不需要查找的关键词排除在检索结果之外；

（3）使用位置限制的检索；

（4）使用字段限制检索（如正文中将检索字段由主题检索更换为题名检索）；

（5）用短语检索（字符串检索）进行精确检索；

知识加油站

（6）当某一缩略语有多种全称时，同时使用缩写与全称；

（7）限制查询范围，如类目的分类范围、地域范围、时间范围、网站类型范围、文件类型（PDF、PPT、WORD 等），这些范围限制实现的方法不同，有些是通过在关键词前加特殊的符号，有些是通过拉菜单实现的。

——黄如花. 信息检索. 3 版. 武汉：武汉大学出版社，2019.

（参见"新闻民生篇"第 2 节的知识点"高级检索""布尔检索"。）

检全率

检全率亦称查全率、命中率，指系统实施检索时检出的与某一检索提问相关的信息资源数与检索系统中与该提问相关的实有信息资源总数之比，可以表示为：

检全率 =（检出相关信息资源量 ÷ 系统相关信息资源总量）× 100%

上述表达式中，检出相关信息资源量为检出的信息资源总量排除其中不相关信息资源量后得到的数值，系统相关信息资源总量则为已检出相关信息资源量与未检出相关信息资源量之和。例如，一个数据库中共有 40 篇相关文献，在实施检索时检出其中

知识加油站

的 30 篇，则检全率为 30/40，即 75%。检全率表明检索系统避免相关信息资源漏检的能力，是评价检索系统效率的一个重要参数，保持较高的检全率是检索系统的基本目标之一。

检准率

检准率亦称查准率、相关率，指系统实施检索时检出的与某一检索提问相关的信息资源量与检出的信息资源总量之比，可表示为：

检准率 =（检出相关信息资源量 ÷ 检出信息资源总量）× 100%

例如，在前面进行的检索中，实际检出的文献数量为 45 篇，则检准率为 30/45，即 66.7%。检准率表示检索系统排除与检索提问无关信息资源的能力。提高检准率可以节省用户分离无关信息资源所花的时间，对提高检索系统的实际使用效果具有重要作用。

 检全率和检准率的关系

一般而言，检索系统的检全率与检准率之间是一种互逆关系，因为，检全率高，必然会检出一些内容关联程度较低的信息资源，从而影响系统的检准率；反之，提高检准率，则要求排除与检索

知识加油站

提问相关程度较低的信息资源，从而影响检全率。因此，应综合考虑用户需求与检索系统的特点，来确定检索的策略，以谋求检索结果的最优化。

——马张华 . 信息组织 . 北京：清华大学出版社，2008.

CNKI：

　　CNKI 全称是中国知识基础设施工程（China National Knowledge Infrastructure），是以实现全社会知识资源传播共享与增值利用为目标的信息化建设项目，始建于 1999 年 6 月，网址为：http：//www. cnki. net。它是一个大型综合性网站，资源丰富，面向海内外读者提供中外文学术期刊论文、博硕士论文、会议、报纸、年鉴、百科、词典、统计数据、专利、标准等文献的检索与下载服务。其中，最有影响的是"中国学术期刊（网络版）"数据库，这是具有全球影响力的连续动态更新的中国期刊全文数据库，内容覆盖自然科学、工程技术、农业、哲学、医学、人文社会科学等各个领域。

CNKI 提供的检索方式主要有：一框式检索、高级检索、专业检索、句子检索等。

CNKI 为商业性数据库，提供题录、摘要信息的免费检索，但下载全文需付费。不过，国内高校图书馆和部分公共图书馆作为团体用户购买了 CNKI 的资源，因此，读者朋友可通过注册并登录这些图书馆来使用 CNKI 的资源。

查寻家庭园艺信息的网站举例：

【浴花谷花卉网】https：//www. yuhuagu. com

【踏花行】http：//www. tahua. net

【藏花阁】https：//bbs. mychg. org. cn

2

早饭过后，华朵就给三叔打了电话。原来，三叔前天就已经回来了。三叔邀请华朵明天过去，取他们带回来的伴手礼。华朵和三叔约好，明天和高歌一起去看望他。吃过早饭，妈妈交给华朵一张购物清单，嘱咐华朵顺道带一些东西回来，好把厨房收拾收拾。华朵帮忙收拾好碗筷后，就和高歌下楼购物去了。

逛街真的能让女生变得开心！

高歌提着东西跟在华朵身后，穿梭在一家一家商店之中，第一次真正体验到了女生逛街的厉害。

从最后一家商店走出来，已是过了晌午，华朵抬头看了看天空，扭过头来对身后挂满购物袋的高歌，感谢地说："帅哥真是辛苦了啊！逛得差不多了，去吃午饭吧！"

高歌如同受大赦一般长长地舒了口气，心中暗道："终于结束了！"二人在附近找了一家整洁的餐厅，点了些看起来可口的饭菜，等着填满辘辘饥肠。

"对了！我还不太了解三叔、三婶家的情况呢，上午忙着买东西，趁现在赶紧给我讲讲。"缓过劲儿的高歌问道。

"也是，"华朵应道，"三叔和三婶从我小时候起对我就很好，我也一直很敬爱他们，当然不只是因为他们对我的好。"华朵用一只手托着下巴，微扭着头，眼光定在饭桌上，似乎陷入了回忆。

"三叔是我比较钦佩的创业者，他白手起家，做过苦力活、包工头、进出口业务、房地产。三叔的学历不高，只有中专文化水平，但这个学历在那个年代也是有一定含金量的，加之他很有眼光，具有冒险精神，还喜欢读书，接受新事物很快。他算是国内第一批使用'网银'的人，也较早地使用网上支付进行业务结算与网上购物支付。"

"嗯嗯，你三叔确实有魄力！现如今家庭水电费缴纳、出行网上购票、网购衣物都会使用网上支付，但是那个时候确实是想象不到今天这番便利的场景啊！不过，华朵，在进行这些网上支付时，一定得小心那些**钓鱼网站**。现在的不法分子，欺诈我们的手段太多了，简直防不胜防！一些陌生邮箱发送的链接等都不能轻易点开，以防泄露自己的私密信息。"说到这里，高歌不无担心。

"我过去常常是通过记住网站域名来识别钓鱼网站的，比如，百度的域名是 baidu.com。但后来发现这个办法在许多时候并不管用，因为有的网站域名比较长，如果不太常用，可能就记不准确。我来出个小题目考考你吧，"说着，华朵拿出手机在键盘上敲入了三个域名：www.abchina.com/cn，www.abchina.cn 和 www.abcdhina.com/cn。"你来猜猜，这三个当中，哪一个才是中国农业银行的域名呢？"

高歌看着华朵的手机界面，挠着头："这个我一时半会儿还真的说不上来。"

"正确答案是第一个，也就是 www.abchina.com/cn。后面两个只是我乱写的。你看吧，这些域名太相似了，骗子正是利用这些细微差别，把没有防范心的人们引诱到了他们的网站里去。看来，记域名的办法，还是会有麻烦。所以，现在我上网站购物消费时，更看重的是，这个网站要有'官网'这个专用的权威标识。"华朵向高歌展示着自己应对钓鱼网站的方法。

"哇，我们朵儿这么能干啊，我都白担心你了！"高歌捏了捏华朵的小脸蛋儿。

"是啊！我是做网络平台运营的，这些方面我听过的事情真的好多！不说钓鱼网站，就说网贷吧，前几天我看新闻，一个小姑娘为了买化妆品，居然在某个校园网贷平台进行裸贷，我真是想不通为什么！"华朵想到那些新闻，不觉有些气愤。

"嗯，我也听说了这些消息，某些借贷者利用某些人的虚荣心理，使其一步步陷入深渊。相信这些不法分子会受到法律的制裁的。不过，网络是把双刃剑，善加利用，它毕竟给我们的生活带来了很多意想不到的便捷。如果现在突然没有了支付宝，我都会觉得生活缺少了些东西。"华朵附和道，"哎，光说三叔，再说说三婶吧！"

"嗯，三婶是三叔在市里做包工头时，因修市区道路，与一家花卉公司打交道时认识的。听我爸爸说，那时三婶是花卉公司销售方面的负责人，两人多次接触后，对彼此都产生了好感，秘密地交往了两个月左右就结了婚，虽然婚前两人的交往时间不是很长，但随后的日子里两人心心相印、相互扶持。"

"先生、女士，你们的餐点。"送餐的服务员打断了华朵，把餐点摆放在餐桌上后便礼貌地离开了。

高歌揉了揉肚子："我们吃饭吧！边吃边说。"

"嗯嗯，我早饿了。"华朵忙道。

二人狼吞虎咽了一阵，高歌端起红酒杯与华朵碰了一杯，用餐巾擦了擦嘴："三婶是一直跟着三叔做生意吗？"

"结婚后有一段时间是这样的，后来他们有了孩子，就是我的大堂弟，三婶就做起了全职太太。小时候每当假期爸妈上班时，我就被送去三婶家住，由三婶一起带我俩。我那个堂弟啊，可调皮捣蛋了，不过前年去了英国留学，蹦跶到国外去了，常年不在二老身边。至于我，虽然有时会女汉子了些，可人家一直在往贤良淑德的道路上努力着呢！三婶就是我的榜样之一。喜爱家庭园艺也是受三婶的影响，我跟她学了很多。"

"难怪早上阿姨会说那话。"高歌似有所悟地点点头。

"这个不说了，"华朵做了一个停止的手势，"三婶不仅精于家庭园艺，在护理保洁方面也是行家。"华朵停顿一下，喝了口红酒，"说心里话，三婶可能是我见过的人中，最让我敬佩的。

她对人很亲和、心思很细腻。她专门开通了用来记录护理保洁的博客，我曾经浏览过几次，里面记录着三婶与其他家庭主妇交流的心得，还有相关护理书籍的阅读笔记、参加社区家庭护理培训的笔记，还有各种常见疾病的预防与治疗的注意事项总结。三婶的这种<u>信息意识</u>可是让我钦佩得很。受三婶影响吧，我自己也多少对家庭护理方面的信息有些关注。"

"看来三婶对你的影响很大啊！不过，网络确实为人们查找信息提供了很大的方便，人们习惯于遵循'最小努力原则'，网络在人们查找信息过程中的贡献也越来越大。"高歌回应道。

"这也不一定，比如我在百度搜索中输入'保洁'或'清洁'或'日常清洁'，会出现很多检索结果，但多是保洁公司等商业类的信息，而日常生活的家庭保洁类的信息却很少，由于冗余信息太多，反而需要耗费我们更多的时间才能查找到，甚至找不到自己想要的信息。这个时候，我就直接打电话询问三婶，'<u>非正式信息交流</u>'的优点就显露无遗了哦！"

二人边吃边谈三叔、三婶的事儿，一个多钟头在不知不觉中就过去了。高歌把服务员喊过来付款。服务员说，饭店有多种付款方式，可以用现金支付，也可以用手机银行、微信或支付宝支付。

两人选择了方便快捷的微信支付。

"华朵，现在这种网上支付方式是越来越多了，我想，即使是你三叔这批最早使用网银的人，也没想到如今付款可以有这么多花样吧。"

"嗯嗯，社会变化真的太快了！你看我们现在运营的网购平台，付款方式有好多种呢。K 令支付、银联跨行支付、手机 WAP 支付……生活在这个时代真是幸运呐！"

"朵儿，有你陪着我才是我最大的幸运！"

华朵害羞一笑，眼中满是爱意。二人随后又去附近的一家花卉店，给三婶买了一小盆新鲜的盆栽，结束了一天的日程。

知识加油站

钓鱼网站

钓鱼网站是指不法分子利用各种手段，仿冒真实网站的 URL 地址及页面内容，或者利用真实网站服务器程序上的漏洞在站点的某些网页中插入危险的 HTML 代码，以此来骗取用户"自愿"提供银行或信用卡账号、密码等私人资料。在这种侵权方式中，不法分子不需要主动攻击，他只需要静静等候，一旦有人落入圈套，其填写的账号、密码等个人信息就成为不法分子的囊中之物。

——石磊，赵慧然．网络安全与管理．2 版．北京：清华大学出版社，2015.

知识加油站

信息意识

信息意识指信息主体在从事与信息有关的认知活动中产生的感受，并在感受积累的基础上形成的对信息认知活动的觉知。当人们具有强烈的信息意识时，就表现出对信息具有特殊、敏锐的感受力和持久的注意力，以及对信息价值具有判断力与洞察力。

信息意识是信息素养的重要组成部分。（参见"子女育教篇"第1节的知识点"信息素养"。）

——解敏，赵永华，姜懿庭．信息意识研究：人格差异的视角．北京：科学出版社，2013.

非正式信息交流

按照交流的渠道，信息交流可分为**正式（间接）信息交流**和非正式（直接）信息交流。非正式信息交流作为信息创造者、发现者或持有者与信息接收者之间的直接信息传输和交换，主要包括个人接触、交谈、面授、书信往来、参观访问、出席会议、演讲报告等方式。在网络时代，腾讯QQ、博客、微博、微信等新型信息交流方式，也成为互联网上非正式信息交流的一个重要组成部分。

知识加油站

正式信息交流

正式（间接）信息交流克服了非正式（直接）信息交流的时空障碍，主要通过出版发行机构等以信息编辑为核心的信息传输型中介、文献信息机构等以信息服务为核心的信息利用型中介、信息中心和网站等兼具信息开发和服务的信息综合型中介实现。

——党跃武，谭祥金.信息管理导论.3版.北京：高等教育出版社，2015.

网银：

网银即网上银行，是指银行通过信息网络提供的金融服务，包括传统银行业务和因信息技术应用带来的新兴业务。网银有关信息可通过各大银行官方网站查寻。部分银行网址举例：

【中国农业银行】https：//www.abchina.com/cn

【中国工商银行】http：//www.icbc.com.cn/icbc

【中国建设银行】http：//www.ccb.com

网上支付：

网上支付是以互联网为基础，利用银行所支持的某种数字金融工具，发生在购买者和销售者之间的金融交换，实现从买者到金融机构、商家之间的在线货币支付、现金流转、资金清算、查询统计等过程。

网上支付是网上银行具有的一大功能，具体信息可以从各大银行网站中查寻到。网上支付除上述的网银支付外，还有第三方支付方式，如支付宝、财付通、易宝支付、快钱等。通过百度等搜索引擎输入"网上支付"也可以查到相关信息。通过增加关键词修改检索策略，输入"网上支付　支付宝"可以查寻支付宝网上支付流程、支付宝支持的银行及其限额等方面的信息。对于第三方支付，可以通过各自官网获得相关信息。

【支付宝】https：//www.alipay.com

【财付通】https：//www.tenpay.com

【快钱】https：//www.99bill.com

K令支付：

K令是中国农业银行为客户提供的一种安全认证工具，能够同时在个人网银、掌上银行、电话银行、电子商务等渠道进行转账、支付、缴费等交易；K令具有"一次一密"特点，专设"付款"键，让资金安全更有保障，且无须软件驱动或硬件连接，携带方便。

K 令支付是需要在商户支持此种付款方式的前提下进行操作的。

——中国农业银行 . K 令 . https：//www. abchina. com/cn/ EBanking/Safety/Securitytools/EToken/

手机银行：

手机银行又称移动银行，是利用移动通信网络及终端办理相关银行业务的快捷服务。其业务大致可分为三类：①查缴费业务，包括账户查询、余额查询、账户的明细、转账、银行代收的水电费、电话费等；②购物业务，指客户将手机信息与银行系统绑定后，通过手机银行平台进行购买商品；③理财业务，包括炒股、炒汇等。

查寻家庭护理信息的网站举例：

【全民健康网】http：//www. qm120. com

【复禾健康网】https：//www. fh21. com. cn

这些网站提供有关婴儿、中青年、老年、孕妇、残障人士等人群的护理常识，以及骨质疏松、肥胖、失眠护理、便秘、心理压力、伤寒、高血压、高血脂、高血糖等生理或心理疾病的相关信息。

查寻家庭保洁信息的网站举例：

【清洁网】http：//www. chinaclean. org

该网站的"清洁技术"板块提供家庭保洁常识与技巧，如浴缸保洁、毛绒玩具清洗、床上用品清洁、宠物清洁、吸烟机以及燃气灶具清洁等信息。

3

"叮咚……叮咚……"清脆的门铃声，打破了三婶家内的宁静。三婶擦擦手走出厨房，三叔则抬起头与三婶高兴地对望了一眼，站起来跟在身后，走向门口。

"三叔、三婶！"一打开门，华朵就分别给三叔、三婶一个大大的拥抱。

"快进来，快进来，你这孩子！来三叔家还带东西！拿三叔三婶当外人呢！"三婶拍拍华朵后背，热情地迎接了他们的到来。

"三叔、三婶，这是我男朋友高歌。"

"三叔三婶好！"高歌还略有些紧张。

"朵儿、小高，你们在客厅休息下，我到厨房做饭去。"三婶说着走进了厨房。看到三婶走进了厨房，三叔开口说："朵儿啊！你去帮你三婶准备一下午饭吧。"

"嗯，好的。"华朵应声后扔给了高歌一个自求多福的眼神，便去了厨房。

从厨房中隐隐传来的嘀咕声，使客厅显得有些安静。高歌觉得自己应该要说些什么。正当高歌要开口时，三叔"吭"了一声，背靠着沙发说："小高啊，你和华朵怎么认识的？交往多久了？"

高歌如实地回答了三叔。

"嗯，你们认识的时间还是太短了！"三叔略带惋惜地道。

高歌会心地答道："交往时间是不太长，您老也知道古人常说心有灵犀一点通，一见钟情。不说古人，其实三叔和三婶就是现实的例子，您二老可是我们的榜样。"

"呵呵，哪里哪里！"三叔向前挺了挺身子，不好意思地摆摆手。高歌的话说到了三叔的心坎里。

"三叔您谦虚了，您的事华朵还是告诉了我一些，能够像您这样白手起家，艰苦创业而取得今天成绩的又有多少人。"高歌趁热打铁地继续道。

股票、基金、债券、外汇……

理性投资 不要盲目投资

"呵呵，那是，年轻时候有拼劲儿，胆子也大。"三叔慷慨陈词。

"是啊，三叔您说的对！听华朵说，您对理财也有自己一套独特的方法？"

"小高，别的不说，要说理财，不能说我是一个专家，但也称得上半个了。"三叔激情而又自信地说道，"学会理财，你就掌握了致富的一个门道。"

高歌知道他找到了三叔的话匣子，赶忙请教三叔理财的事情："三叔说的是，我最近看了一些理财类的书籍，但更想从三叔这取取经。"

"看些书是必要的，书中自有黄金屋嘛！别人的经验也让人少走些弯路，但是只读书还不够，要订阅一些报纸杂志，收看电视节目，如收看中央财经频道，可以获取经济形势、经济政策等方面的信息。通过相关新闻，分析其中隐含的信息来发现投资机遇。你看，现在网络发展得多快，在网上能够查到很多相关信息。但是，信息过多有时不见得是件好事，你要有一双火眼金睛，进行信息选择，确保获取信息的安全可靠。合理使用那些信息，再来做出投资理财决策。"

"嗯，三叔说的对，现在网络的作用确实很大！"

"那是。就说理财，网上有些大型门户网站、专业财经网站、券商网站，从里面可以获取很多用于投资决策的信息。还有交易所网站和某些政府网站也能提供相关政策或行业方面的信息，这些网站几乎也都有相应的 app。查寻投资理财信息时，我一般不会使用百度这些搜索引擎，因为那样得到的信息的时效性不行。我比较常用的是东方财富网，它提供了财经、股票、基金、期货、债券、外汇、银行、保险等很多金融资讯、财经信息以及行业、公司基本信息，每天都会更新上万条最新数据及资讯，查寻起来很便利。它还有股吧、博客等链接，方便与其他理财者进行信息交流。"

"三叔您能详细地说一些获取理财信息的渠道吗？我也学习下。"

"嗯，可以。稍后我发给你。"三叔爽快地答应道。

"那真是谢谢三叔了！三叔，现在您是怎么理财的呢？"

"我主要是靠多种投资形式的灵活配置。有部分资金用于储蓄或购买国债，几乎没有风险，但收益也最低；还有一些资金投给了银行的一些理财产品或购买货币型基金，风险比较低，收益也不错；另外一部分投资到股票、期货、互联网金融理财等风险较大，但收益也更高的品种。投资不仅要选好投资平台，还要对相关时局、政策等方面的信息具有敏感性，能灵活地进行高、低风险投资和长期、短期投资的组合。例如，前段时间股情风向好，我就炒了股。"三叔向后背靠着沙发，抬起头来，盯着客厅上的吊灯，"不过投资啊，一定要慎重。嗯，我看过一些书，结合多年来的经验，总结出了一个法宝，那就是你要能利用信息做出有效的**信息分析**与**信息预测**。当然，在利用信息进行分析与预测之前，我们首先还得对获得的信息进行**信息评价**，比如：信息的可靠性，对于道听途说的小道消息，不正规的财经报道，就要多长个心眼。还有信息的新颖性与适用性，你要根据你是长线投资还是短线投资来确定需要获取什么时段的信息，你要搞短期投资，却收集些1个月前的信息，那肯定是不行的。你再想想做投资时，很多信息是大家都能获得的，为什么有些人的投资收益高，有些人的却很低，甚至投资失败，这就是因为信息分析与信息预测能力高低有别。我给你举个例子吧，出色的信息分析与信息预测能力是多么重要。你知道《大趋势——改变我们生活的十个新方向》这本书吗？它的作者约翰·奈斯比特在信息分析预测方面就特别厉害。奈斯比特是美国的未来学家，在这本书里，他成功预见了网络和全球经济一体化，指出美国当时正在进入信息社会。这本书是 20 世纪 80 年代初出版的，书里预测的许多事情在我们现在看来已经是司空见惯了，但他在那个年代就精准地预测了几十年之后的发展情况，还是相当了不起的哦！我们这一代有点儿文化的人差不多都看过这本书，但你们这些小年轻可能没看过吧？"

高歌不好意思地挠挠头发说："我知道有这本书，但我的确没看过呢！"

三叔一听，话匣子就更收不住了："你知道奈斯比特是怎么做到这样精准地分析与预测的吗？其实就是广泛搜集与分析报纸上的信息。他认为，重大的社会变化都是从地方开始、自下而上的，通过对城市、乡村变化的研究和分析，就能够判断出整个社会的发展趋势。所以，他和手下的工作人员就先设定了一些筛选条件，确定出大约 6000 种他们国内发行的地方报纸。他们连续监测这些报纸，长达 12 年。对这些报纸每天的内容，他们按照各种社会问题进行一级一级的分类。比如，把第一级分成 10 个主题，包括教育、就业、环境、健康、住房、交通等，然后再把这些主题进行二级划分、三级划分、四级划分，最终分成了 100 多个小主题。随后，对每篇报道进行归类编码，建立数据库，之后再进行比较分析。如他们通过对某个时间点的截面分析，观察各类主题的比例结构，就分析出了社会关注的焦点有哪些，哪个最受关注；通过对某个主题的篇幅变动分析，观察这个主题在篇幅上的变化速度，就完成了对某个事件未来发展趋势的预测。我可能也说得不是很清楚，但我觉得他们真的很厉害。"

"确实做得很好啊，整个信息分析与信息预测的过程听起来还真有些复杂。"

"那是！无论是分析过程，还是预测部分，都涉及了一些定性分析方法和定量分析方法。好像信息分析与信息预测的方法有很多，我也只是了解一些皮毛。你自己可以找些相关书籍来看看。"

"三叔，您懂得的东西可真不少啊！"高歌由衷地赞美道。

两人你一言我一语，时间不知过去了多久，华朵走到客厅："三叔，吃饭啦！"

"哎，好的。"三叔应道。

知识加油站

信息分析

信息分析是一项内容广泛的信息深加工处理和情报提炼活动，它以大量相关的原生信息为处理对象，通过对原生信息内容

知识加油站

的分析、综合或评价，以提炼出对管理、决策等活动有支持作用
的情报，为管理、决策等活动服务。

　　具体来说，信息分析是根据用户的现实或潜在需求，广泛系
统地搜集与之相关的各种原生信息，进行定向的筛选和整序。通
过逻辑思维过程对其内容进行去伪存真的鉴定、由表及里或由此
及彼的推理，运用科学的理论和方法对原生信息进行分析处理和
提炼，以得出有助于解决实际问题的情报，揭示研究对象的内在
变化规律及其与周围环境的联系，满足用户的信息需求。

　　——查先进．信息分析．武汉：武汉大学出版社，2011.

信息预测

　　信息预测是一种对事物未来或未知状态做出估计、分析、推
测和判断的活动。具体地讲，就是通过有目的地收集与特定事物
有关的信息，通过深入分析研究，推断该事物的未来发展趋势与
变化情况，以及这些变化会在什么时候、以什么方式、在什么情
况下发生，发生的可能性有多大，从而使人们能够有目的、有意
识地控制、选择、改变和适应未来。

　　——高洁．信息分析与预测．济南：山东教育出版社，1995.

知识加油站

信息评价

信息评价是指信息用户对获取的信息进行价值评定以决定是否采纳利用的过程。

一般来说，信息评价可从三个方面来评价获取的信息：可靠性（保障信息来源的真实性），新颖性（保障信息内容的时效性），适用性（保障信息内容水平对用户的适合程度）。信息评价能力也是用户信息素养的重要组成部分。

——中国大百科全书（第三版）总编辑委员会.中国大百科全书（情报学）.3版.北京：中国大百科全书出版社，2022.

查寻投资理财信息的网站举例：

大型门户网站：

【新浪财经】https：//finance.sina.com.cn

【凤凰网财经】https：//finance.ifeng.com

【搜狐财经】https：//business.sohu.com

专业财经网站：

【东方财富网】https：//www.eastmoney.com

【中国证券网】https：//www.cnstock.com

【金融界】http：//www.jrj.com.cn

【东方证券】https：//www.dfzq.com.cn

4

"叮咚……"，门铃声把饭后坐在客厅里拉家常的四人的目光拉向了门口。

三婶走了去，打开门："张大姐啊，快请进。您是来查社保信息的吗？"

"是啊！又要麻烦华老三啦！"说着两人走进屋来。看到华朵，张婆婆笑呵呵地道："这不是小朵嘛，很久没有来你三婶家了吧！"

"张婆婆来了！我总是上班，空闲时候不多嘛！"华朵忙站起来说。

"您先坐，我去帮您查一下。"三叔接过张婆婆写有账号、密码的小纸条，给她让了个座位，自己走进书房，打开电脑，登录本市的人力资源和社会保障局网站，点击进入了"办事大厅"板块中的"社保信息查询"界面，输入了张婆婆的账号和密码便查询起来。

张婆婆坐了下来，看了看高歌，对着华朵问："这位小伙子是……"

"他啊！是我的男朋友。"

"嗯，不错不错，仪表堂堂。我们小朵有眼光！"

高歌赶忙与张婆婆寒暄了几句，惹得张婆婆直夸高歌这小伙子不错。

三叔从书房出来，听着客厅笑语连连，心情越发地高兴。他走到张婆婆的身边，把一张记着信息的纸条交给了她。上面记载了近几个月张婆婆关于医疗保险的缴费信息以及在药店或者医院的消费情况。

张婆婆对着三叔，又是一阵地夸奖高歌。"华老三，你今天有客，我就不打搅了哈！小朵、小高，下次来也去婆婆家坐一会儿啊。"说着，张婆婆便向门口走去。

"您这说的，我们都多年的邻居了，还见外呢！"

送走张婆婆后，高歌向三叔问道："三叔，张婆婆经常来这里查寻社保信息吗？"

"嗯，张大姐在我们搬来前，就在这里住了几十年了。我搬来后，一次偶然的机会看到她在小区空地打太极，就向她请教学习，慢慢也就熟络起来。她是社区老年人太极拳协会的组织者，还邀请我参加活动。活动中，我了解到这些老人常在一起探讨社保、医保这些问题，有时也会去人力资源和社会保障局咨询相关信息，但是获取信息的渠道有限，也不方便。因此，我就经常到社会保障信息的政府网站查看相关信息，平时活动的时候，就说给她们听。张大姐大约每隔几个月都要来让我查一下社保的缴费情况。有时她们的问题，比如'单位能向员工收取保证金吗？儿媳的产假究竟可以有多少天？'等，我也回答不好，就帮她们打电话或者在线求助，然后再讲给她们听。其实，关于社保的国家相关政策及政策解读这类信息，我们可以在国家人力资源和社会保障部的官网中查寻到，那里的信息最新，也最权威。但是社会保障制度的具体落实因不同地区情况不同，具体实施也因地而异，因而各地的相关政府网站是查寻本地社会保障的具体情况的重要信息源。一些官方微博与微信也会发布我们日常关心的内容。但是太极拳协会的队员们，年龄也都不小了，上网查找对于他们来说有些困难。我啊，这些方面能出些力，也就帮帮他们。这不，我出去了一两个月，估计张大姐很久没查社保了，昨天在楼下买菜回来看见我了，说起这事，我就让她今天过来。"三叔唠唠叨叨地把自己帮他人查询社保医保信息的事情讲了一遍。

"以前我来三叔家时，经常遇到张婆婆，她人很随和，让人感觉到很亲切。"华朵接着说。

"好了！小朵、小高你俩这好日子定了没呀？感情好，就尽快把日子定下来。"三婶转移了话题。

听到三婶的话，华朵显得有些不好意思。高歌赶忙把自己和华朵的打算告诉了三叔、三婶。二老一听，喜事大约过了年就要提上日程了，都是一番感慨。在他们眼中，朵儿似乎还是个小娃娃，一转眼却要结婚了。想到这里，他们在高兴之余也有泪光闪烁。

5

一个星期后，迎来了春节。家家户户张灯结彩，好不热闹！

大年初二，华朵和高歌便来到了外公外婆家，表姐一家碰巧也在。表姐的肚子更大了，圆滚滚的，大宝不时用小手轻抚着妈妈的肚子，似乎在急切地盼望着小宝的到来。

初三那天，华朵和高歌又分别去看望了二叔和三叔一家。晓晨兴奋地向华朵描述着大学的趣事，看来他已经完全适应了大学的生活。三叔告诉华朵和高歌，过了正月十五，他便又要和妻子一起去东北旅游了，这次是要好好体验一下冰雪世界。

再说杨帆和陶然，这二人的感情也是迅速升温，准备过年之后就见双方家长。真是好事成双。半年前，华朵与杨帆还都被家里催婚；现如今，华朵、高歌的婚礼已近在眼前了。正可谓，众里寻他千百度，蓦然回首，那人却在，灯火阑珊处。

查寻社会保障信息的网站举例：

【中华人民共和国人力资源和社会保障部】http://www.mohrss.gov.cn

该网站中的社会保障板块可以查看及时更新的相关政策及政策解读等信息，了解社会保障的政策发展与制度建设。

此外，各区、县级社会保障部门也多有自己的官网，居民可以通过各级政府官网获取相关信息。

附录　核心·知识点分布

旅游出行篇　信息、数据、知识、情报、搜索引擎、信息查寻、信息需求、信息检索（检索）、信息浏览（浏览）、零次信息、一次信息、二次信息、三次信息、信息咨询服务、移动app、网络社区、生成式智能搜索、信息产业、下载

购物消费篇　关键词、信息推送、人际网络、信息渠道、信息分类、以图搜图、基于内容的图像检索、基于文本的图像检索、信息选择、信息源、书评

新闻民生篇　信息化、大数据、导航网站、基本检索、高级检索、布尔检索、政府网站、短语检索、信息订阅、信息交流、电子政务、信息迷航、相关性判断、信息安全、信息系统、信息伦理

休闲娱乐篇　网盘、个人信息管理、听歌识曲、基于内容的音频信息检索、信息商品、著作权、信息推荐系统、数据挖掘、基于内容的视频信息检索、论坛（BBS）、信息超载、冗余信息

社交通信篇　信息成本、图书馆·情报与文献学、图书馆学、文献学、情报学、档案学、博物馆学、档案、文献、版本、信息组织、无序信息、信息市场、信息中介、信息失真、信息吸收、检索式、信息不对称、社交网络、最小努力原则、档案馆、档案馆类型、信息服务

子女育教篇　信息素养、MOOC、参考咨询服务、馆际互借服务、文献传递服务、科技查新服务、图书馆类型、外借服务、通借通还、阅览服务、数据库、OPAC、检索途径、分类检索途径(分类途径)、主题词、ISBN、ISSN、分类法、《中国图书馆分类法》、索书号、信息计量学、布拉德福定律、齐普夫定律、洛特卡定律、《网络安全法》、网络安全

健康养生篇　知识付费、信息共享、信息存储、主题法、知识产权

家政理财篇　扩检、缩检、检全率、检准率、钓鱼网站、信息意识、非正式信息交流、正式信息交流、信息分析、信息预测、信息评价